Pra zny
at
grzybów

OSŁAW
ORŁOWSKI

DEMART

jadalne | niejadalne | trujące

Demart SA
02-495 Warszawa
ul. Poczty Gdańskiej 22a
tel. 22 662 62 63
faks 22 824 97 51
www.demart.com.pl
info@demart.com.pl

Dział zamówień:
tel. 22 498 01 77/78
faks 22 753 03 57
biuro.handlowe@demart.com.pl

Sprzedaż detaliczna:
www.demart.com.pl

Autor oraz wydawnictwo dołożyli wszelkich starań, aby zminimalizować ryzyko mylnego oznaczenia gatunku przez czytelnika. Jednak żaden opis i żadne zdjęcia nie zastąpią własnego doświadczenia, zdobywanego w terenie na podstawie porównywania – często bardzo zmiennych – cech danego gatunku. Dlatego też autor ani wydawnictwo nie ponoszą odpowiedzialności za błędne oznaczenie, dokonane przez czytelnika.

ISBN: 978-83-7912-282-0

Autor: **Jarosław Orłowski**

Redakcja atlasu: Anna Chodoła, Jarosław Orłowski

Współpraca: Kamila Kuna, Marzena Wieczorek

Projekt graficzny: Anna Chodoła

Fotoedycja i wybór zdjęć: Anna Chodoła, Kamila Kuna, **Jarosław Orłowski**

Zdjęcie na okładce: puckillustrations/fotolia.com

Przygotowanie zdjęć do druku: Anna Chodoła, Kamila Kuna

Skład, łamanie: Anna Chodoła, Kamila Kuna

Przygotowanie do druku: Tomasz Góra

Wydanie 2020/2021

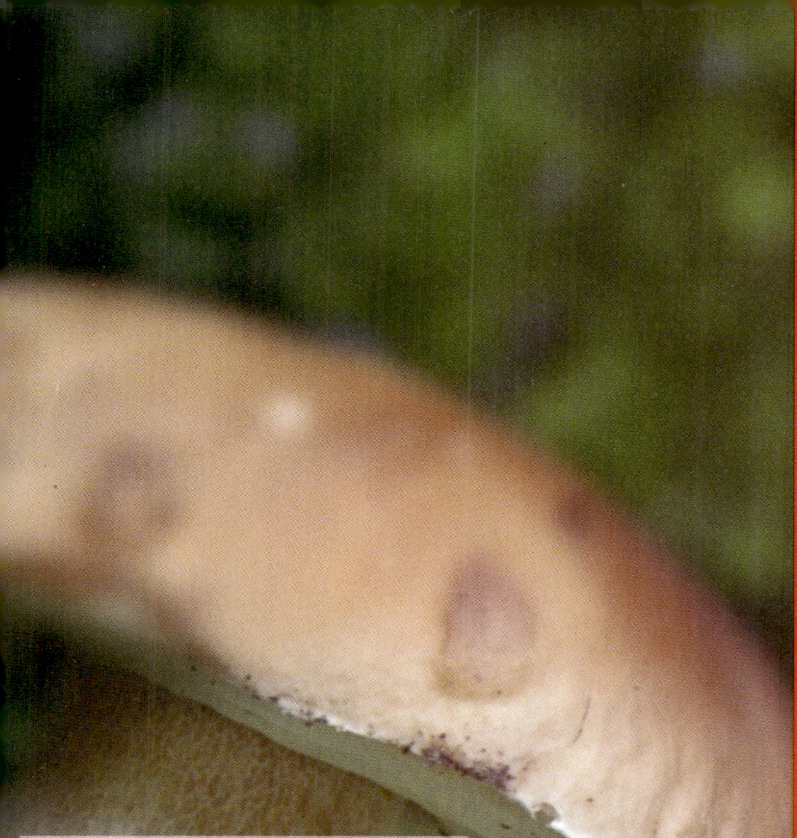

WSTĘP

Zapewne większość grzybiarzy wie, jak wygląda prawdziwek – ale czy każdy ma świadomość, że często grzyby zbierane przez niego jako „prawdziwki" to nie borowiki szlachetne, lecz usiatkowane? Rydz jest również gatunkiem popularnym – ale czy wszyscy jego amatorzy wiedzą, że „rydze" rosnące pod świerkami lub jodłami nie są „prawdziwymi" rydzami, lecz ich mniej smacznymi sobowtórami? A opieńki, z których miodowa – najbardziej znana z nazwy – jest w naturze najrzadziej spotykana? Zapewne nie jedli Państwo dotąd żadnego z licznych jadalnych muchomorów czy purchawek?

Niniejszy przewodnik powstał po to, by przybliżyć miłośnikom leśnych wypraw te i inne informacje, jak również zaciekawić grzybiarzy gatunkami rzadziej zbieranymi, choć równie smacznymi (jak twardzioszek przydrożny – pospolicie występujący i idealny na zupę). Znalazły się w nim również grzyby atrakcyjne wizualnie oraz rzadkie – tak, by poza przyjemnością dla podniebienia, mogli Państwo doświadczyć w lesie również radości ze znalezienia grzybowych rarytasów i gatunków wyjątkowej urody. Łącznie przedstawiono 160 gatunków występujących w Polsce.

Wyjątkowo pomocne w prawidłowym ich oznaczeniu będą klucze, sporządzone w formie przejrzystych tabel, zestawiających cechy charakterystyczne najpopularniejszych gatunków.

Na kolejnych stronach przekonają się Państwo, że określenie „sezon grzybowy" jest tworem sztucznym, gdyż przeróżne jadalne grzyby występują w naturze przez cały rok (a niektóre gatunki dosłownie są całoroczne – jak uszak bzowy). Wraz ze zmianą pór roku możemy więc się cieszyć zmianą naszego grzybowego menu – na przykład w środku zimy konsumując świeżo zebrane płomiennice zimowe czy wodnichy późne. Pamiętać należy, że niemal wszystkie gatunki wymagają obróbki termicznej w temperaturze minimum 70°C przez co najmniej 15 minut, a nawet grzyby uznane za jadalne mogą być w stanie surowym trujące! Czasem trzeba też zastosować specjalne zabiegi przed właściwym przyrządzeniem (patrz – rozdział „Jadalne, ale...").

By uniknąć pomyłki w identyfikacji, zbierajmy jedynie dorosłe owocniki, gdyż w młodości cechy gatunkowe często nie są dostatecznie wykształcone i łatwo wówczas o pomyłkę. Warto wykręcać grzyby, tak by zachowała się podstawa trzonu (szczególnie istotna w przypadku oznaczenia jadalnych gatunków muchomorów). Generalną zasadą jest powstrzymanie się od konsumpcji grzybów, których oznaczenia nie jesteśmy pewni.

Odpowiedzialne podejście do tematu oraz odpowiedni zasób wiedzy mogą zaowocować wieloma przyjemnymi chwilami spędzonymi w lesie, a następnie za stołem uginającym się od naszych zbiorów – w czym pomoże Państwu niniejszy przewodnik.

Jarosław Orłowski

Jak korzystać
z atlasu

Atlas opisuje jadalne, niejadalne i trujące gatunki grzybów, z czego gatunki jadalne podzielono na „jadalne i już" (które konsumuje się po standardowej obróbce termicznej) oraz „jadalne, ale..." (wymagające szczególnych zabiegów przed właściwym ich przyrządzeniem). Poza opisami, pogrupowanymi we wspomniane cztery rozdziały, po gatunkach jadalnych zamieszczono klucze ułatwiające identyfikację. Dalej, za omówieniem gatunków niejadalnych i trujących, natrafią Państwo na rozdział przybliżający podstawy domowej hodowli grzybów, a także porady dla osób chcących odpowiedzialnie kupować grzyby. Publikacja zwieńczona jest słowniczkiem, objaśniającym użyte terminy oraz skorowidzem polskich i łacińskich nazw gatunkowych wraz z głównymi polskimi synonimami.

TYTUŁ ROZDZIAŁU

POLSKA NAZWA GATUNKOWA

ŁACIŃSKA NAZWA GATUNKOWA

OPIS

Zawiera ważne dokładne informacje dotyczące:
Innych nazw pod którymi występuje dany grzyb,
Występowania (w jakich lasach, zagajnikach, łąkach),
Budowy (kapelusz, pod kapeluszem, trzon, miąższ),
Odcisku kapelusza (wysyp zarodników),
Najbardziej charakterystycznych cech,
Z jakimi innymi grzybami łatwo go pomylić,
Uwagi zawierające ciekawe dodatkowe informacje.

JADALNE
i już

Maślaczek pieprzowy
Chalciporus piperatus

Nazywany też: borowik pieprzowy, maślak piepr
Występowanie: zazwyczaj pojedynczo, w lasach
i mieszanych (świerk, sosna, buk, dąb, grab, brzoza
w świerkowych lub sosnowych zagajnikach, ale równ
łąkach i pod drzewami liściastymi. Stosunkowo częs
Kapelusz: ∅ 1,5-8 cm, wypukły do lekko spłaszcz
Gładki, suchy i nieco błyszczący, na mokro trochę le
Pod kapeluszem: rurki. Odcisk kapelusza: o
Trzon: pełny, łamliwy, równej grubości lub nieco c
Powierzchnia gładka, koloru zbliżonego do kapelusz
Miąższ: w kapeluszu początkowo zwarty, z wiekier
winnoczerwony do brązowawego. W trzonie łykowat
lub chromowożółty). Na przekroju niezmienny lub n
Cechy charakterystyczne: brak osłony, bardzo
nieco ciemniejące pod naciskiem.
Łatwo pomylić z: maślaczek gorzkawy, maślacz
Uwagi: z powodu pikantnego smaku używany chęt
To jedyny powszechnie występujący w Polsce maślac
wśród nich nie ma trujących.

Maślak dęty
Suillus cavipes

Nazywany też: borowiec dęty, borowiczak dęty, b
Występowanie: pod modrzewiami na gliniastych
Częstszy w górach niż na nizinach. Oprócz lasów mo
przydrożnymi modrzewiami w lasach liściastych.
Kapelusz: ∅ 4-17 cm, półkolisty, lekko stożkowat
Kolor w odcieniach żółci i złota, do czerwieni i brązu
trudno oddzielna. Brzeg ostry ze zwisającymi szcząt
Pod kapeluszem: rurki. Odcisk kapelusza: c
Trzon: walcowaty, stosunkowo łamliwy, pusty o gr
Szarobiały nietrwały pierścień: powyżej drobna siat
Miąższ: elastyczny, niezmienny, w kapeluszu jasno
słabo wyczuwalny zapach, łagodny smak.

36

SYMBOLE ZAMIESZCZONE W ATLASIE:

- bardzo smaczny
- uwaga rzadki
- uwaga narażony na wymarcie
- uwaga wymierający
- uwaga objęty ochroną
- uwaga łatwo pomylić z trującym
- uwaga śmiertelnie trujący
- patrz klucz

SYGNATURA ZEGARA
Obrazuje okres występowania danego gatunku na przestrzeni całego roku.

ZDJĘCIA
Przedstawiają owocnik w całości na tle podłoża, od spodu, w przekroju (przy niektórych gatunkach).

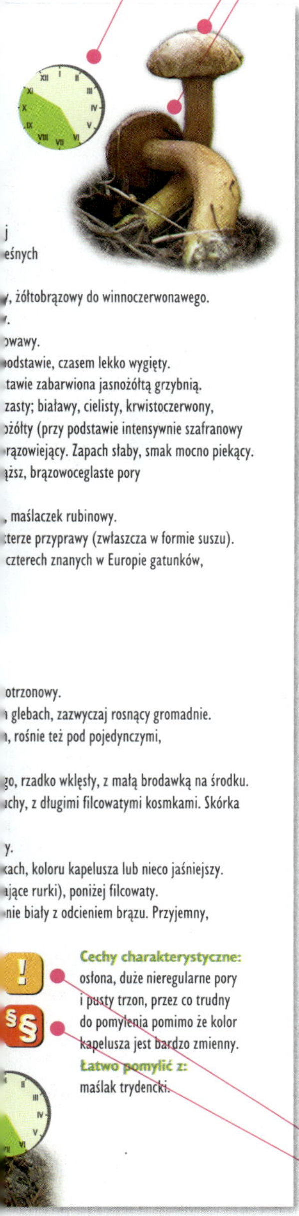

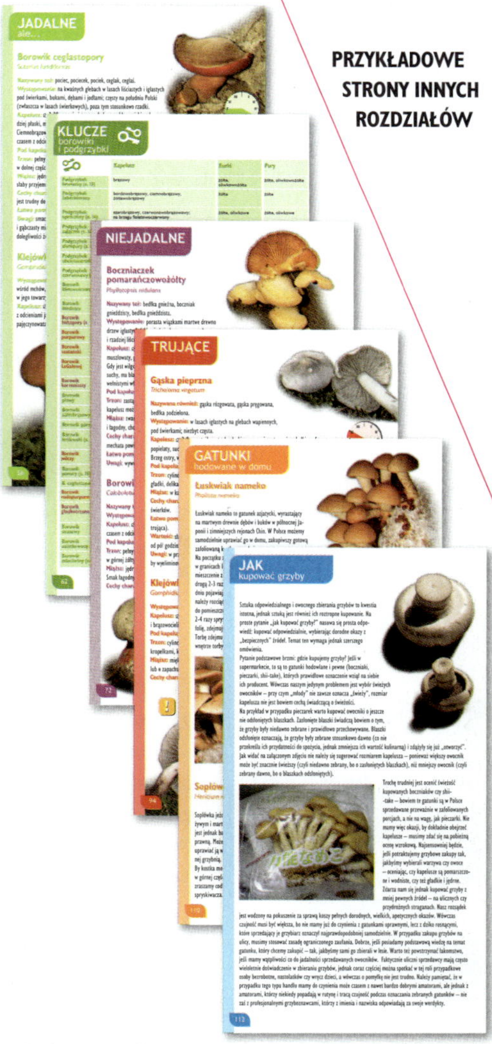

PRZYKŁADOWE STRONY INNYCH ROZDZIAŁÓW

SYGNATURY INNE
Rozszerzają ważne informacje np.:
grzyb występujący rzadko,
grzyb pod ochroną

Cechy morfologiczne

Królestwo grzybów obfituje zaskakującą różnorodnością form – uważny zbieracz bez problemu wypatrzy w lesie grzyby w kształcie maczugi, kępki sałaty, koralowca czy języka – jednak najczęściej wykorzystujemy w naszej kuchni „klasycznie" zbudowane grzyby kapeluszowe, przeważnie z wyodrębionym trzonem, który centralnie lub bocznie przyrasta do kapelusza. Jest to jedynie część naziemna, zwana potocznie owocnikiem – a główny organizm, a więc grzybnia, spoczywa pod ziemią, porastając czasem nawet setki hektarów lasu! Sporo gatunków grzybów współżyje z konkretnymi gatunkami drzew lub wzajemnie ze sobą, inne mogą rosnąć nawet na środku pustej łąki. Dla przykładu zapoznajmy się z elementami budowy owocnika o blaszkowym hymenoforze.

KAPELUSZ:
bywa nagi, usłany łatkami lub wrośniętymi kosmkami, lepki lub suchy, a jego brzeg może być gładki lub karbowany

BLASZKI:
czasem nie mają jednakowej długości, miewają postrzępione ostrza; mogą być wykrojone, przyrośnięte lub zbiegające na trzon; niekiedy wydzielają mleczko

TRZON:
bywa gładki lub usłany kosmkami, z pierścieniem lub bez; podstawa może być bulwiasta lub prosta i osadzona w pochwie

Wysyp zarodników można otrzymać kładąc kapelusz grzyba hymenoforem do kartki papieru, najlepiej pod przykryciem. Po kilku godzinach zarodniki osadzają się pod kapeluszem tworząc jego odcisk.

ZARODNIKI:
w przypadku grzybów kapeluszowych, wydzielane są pod kapeluszem. Ich kolor jest pomocny w identyfikacji gatunku.

Odcisk kapelusza pieczarki białej

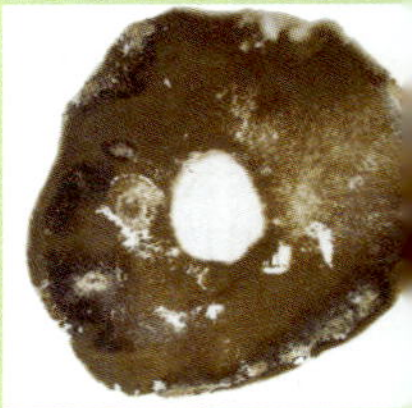

Odcisk kapelusza borowika szlachetnego

PRZEKRÓJ:
ukazuje trzon wewnątrz pusty, pełny, komorowaty lub wydrążony oraz ewentualną zmnienność koloru miąższu

PRZYKŁADOWE CECHY MORFOLOGICZNE PIASKOWCA MODRZAKA:

błękitniejący miąższ

komorowaty trzon

spękana powierzchnia kapelusza

PRZYKŁADY STRUKTUR ZARODNIKOTWÓRCZYCH

Szyszkolubka kolczasta – kolce

Pieprznik jadalny – listewki

Ponurnik akasamitny – blaszki

Borowik czerwonawy – rurki zakończone porami

GRZYBY JADALNE

Boczniak ostrygowaty

Pleurotus ostreatus

Nazywany też: bedłka ostrygowata, bocznotrzonowiec ostrygokształtny, przyuszek ostrygowaty.
Występowanie: na martwym i żywym drewnie drzew liściastych (buk, wierzba, topola, brzoza) i czasem iglastych (świerk) wyrasta dachówkowatymi kępami; pojawia się po nocnych przymrozkach; pospolity.
Kapelusz: ∅ 5-30 cm, przyrośnięty bocznie do podłoża za pośrednictwem nieznacznego trzonu; za młodu łukowaty, z czasem rozpostarty do lejkowatego; suchy; w różnych odcieniach i proporcjach szarości, fioletu, błękitu, brązu oraz czerni; z wiekiem blaknie. Brzeg ostry, za młodu podwinięty, na starość pofalowany.
Pod kapeluszem: blaszki. **Odcisk kapelusza:** biały.
Trzon: bardzo krótki lub wręcz szczątkowy, nagi, biały a czasem brązowawy, z podstawą pokrytą kosmkami grzybni. Trzony owocników rosnących nad sobą dachówkowato są często ze sobą zrośnięte podstawami.
Miąższ: niezmienny, biały; w kapeluszu początkowo miękki, z czasem sprężysty, włóknisty do trochę łykowatego; w trzonie na starość zdrewniały; o przyjemnym grzybowym zapachu i kwaskowym smaku.
Cechy charakterystyczne: brak resztek osłony na brzegu kapelusza, białoszare blaszki zbiegające na białoszary trzon, dachówkowato rosnące owocniki.
Łatwo pomylić z: boczniak rowkowanotrzonowy, boczniak białożółty, łycznik późny.

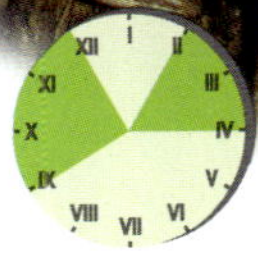

Bokówka biała

Pleurocybella porrigens

Nazywana też: anielskie skrzydła, bedłka wydłużona, bedłka rozesłana, boczniak rozesłany.
Występowanie: przeważnie grupami, na martwym drewnie drzew iglastych (świerk, jodła, sosna), w miejscach wilgotnych; na południu Polski miejscami częsta.
Owocnik: przyrośnięty bokiem bezpośrednio do podłoża, bez trzonu; kapelusze często zrośnięte ze sobą w kępki.
Kapelusz: ∅ 2-10 cm, biały; półkulisty, wachlarzowaty; za młodu filcowato owłosiony, potem nagi (przy nasadzie kapelusza owłosienie utrzymuje się dłużej). Brzeg początkowo podwinięty, z czasem bywa pofalowany; ostry.
Pod kapeluszem: blaszki.

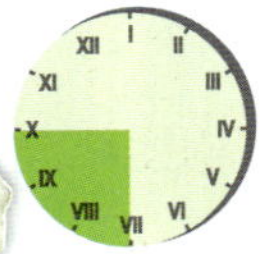

Odcisk kapelusza: biały.
Miąższ: cienki, elastyczny, białawokremowy, o ziołowo-grzybowym zapachu i łagodnym smaku.
Cechy charakterystyczne: biały muszlowaty kapelusz oraz białe blaszki, które nigdy nie stają się brązowe; brak trzonu.
Łatwo pomylić z: ciżmówka miękka, boczniak białotrzonowy, łycznik białawy (wszystkie gatunki niejadalne).

d. Borowik brunatny
Podgrzybek brunatny
Imleria badia

Nazywany też: borowik brunatny, grzyb kasztanowaty, sośniak, czarny łebek.
Występowanie: w lasach iglastych (sosny, świerki) lub rzadziej liściastych (dęby, buki), gromadnie, na glebach piaszczystych; czasem wyrasta przy podstawie pni, na spróchniałych pniakach, a nawet na opadłych szyszkach świerka.
Kapelusz: ∅ 3-16 cm, początkowo półkolisty, z wiekiem poduszkowaty i płaski; najczęściej ciemnobrązowy lub ciemnopłowy. Skórka matowa lub lśniąca, sucha, na mokro delikatnie lepka; oddziela się od miąższu małymi płatami i jedynie u starszych owocników.
Pod kapeluszem: rurki. **Odcisk kapelusza:** brązowooliwkowy.
Trzon: pełny, jędrny, mięsisty, równej grubości lub zwężony przy podstawie, do pękatego; czasem wygięty; żółty z brązową fakturą podłużnych pręg (ale bez siateczki).
Miąższ: jędrny, kapelusz zwarty, w trzonie lekko włóknisty. Biały lub jasnożółty, sinieje na przekroju. Pod skórką kapelusza i przy trzonie miewa czasami brązowy odcień. Uszkodzone, zsiniałe miejsca po pewnym czasie zyskują na stałe brązowy kolor. Słaby owocowy zapach i łagodny smak.
Cechy charakterystyczne: pory pod naciskiem zielononiebieskie (lecz nie zawsze).
Łatwo pomylić z: borowikiem sosnowym, borowikiem klinowotrzonowym.
Uwagi: poprzez norbadion – substancję obecną w skórce – wchłania z atmosfery trujący cez (podobnie jak marchew czy ziemniaki); nie można go spożywać na surowo.

d. Borowik czerwonawy
Podgrzybek czerwonawy
Hortiboletus rubellus

Nazywany też: borowik czerwonawy, podgrzybek wielobarwny.
Występowanie: w ciepłych lasach liściastych (lipy, dęby, graby, buki) i mieszanych oraz w parkach i ogrodach.
Kapelusz: ∅ 2-10 cm, za młodu wypukły, potem spłaszczony; często przybiera nieregularne formy. W krwistym i winnym odcieniu czerwieni, czasem w odcieniach ciemnego różu, z wiekiem blaknący.
Pod kapeluszem: pory. **Odcisk kapelusza:** żółty do oliwkowobrązowego.
Trzon: pełny, walcowaty, rzadziej maczugowaty, często powyginany; pod naciskiem lekko błękitnieje. Intensywnie żółty na obu końcach, a pomiędzy tymi miejscami – czerwono zamszowaty lub czerwono punktowany na żółtym tle.
Miąższ: zwarty, z czasem miękki; żółty, pod skórką czerwonawy, po zetknięciu z powietrzem czasami przebarwia się na niebiesko. Na surowo ma łagodnie kwaśny smak. Zapach słabo wyczuwalny.
Cechy charakterystyczne: żółtawe rurki pod naciskiem stają się niebieskawe.
Łatwo pomylić z: podgrzybek złotopory.
Uwagi: trudno znaleźć zdrowe egzemplarze, gdyż nawet młode owocniki są przysmakiem owadów.

Borowik królewski

Butyriboletus regius

Występowanie: w ciepłych, trawiastych fragmentach lasów liściastych (głównie bukowych), pod dębami i bukami, na glebach wapiennych; w Polsce bardzo rzadki.
Kapelusz: ∅ 6-16 cm, masywny, gruby, mięsisty, za młodu półkolisty, wypukły, z czasem poduchowato spłaszczony. Powierzchnia usiana włóknistymi różowymi strzępkami, czasem nierówna; sucha, matowa, pod wpływem wilgoci nieco lepka; żółtaworóżowawa, na starość żółtawa lub płowoczerwonawa. Brzeg za młodu podwinięty, skórka nieoddzielna.

Pod kapeluszem: rurki. **Odcisk kapelusza:** oliwkowy.
Trzon: cylindryczny lub na środku zgrubiały, pękaty do maczugowatego, cytrynowożółty lub chromowożółty, często winnoczerwono plamisty, na dole czasem różowawy, błękitniejący; pokryty delikatną żółtawą siateczką, zwłaszcza w górnej części.
Miąższ: cytrynowożółty, pod rurkami żółty, pod skórką kapelusza i w dole trzonu trochę różowawy, w trzonie nieco włóknisty. Słaby, łagodny, miły smak i zapach.
Cechy charakterystyczne: włóknisty różowy kapelusz, żółte pory i siateczkowaty trzon, miąższ zazwyczaj niezmiennie żółty na przekroju lub słabo błękitniejący (zwłaszcza w rejonie rurek).
Łatwo pomylić z: borowik płowy, borowik żółtobrązowy, borowik brązoworóżowy, borowik wilczy.

d. Borowik oprószony

Podgrzybek oprószony

Xerocomellus pruinatus

Nazywany też: podgrzybek aksamitny, grzyb omszony.
Występowanie: w lasach liściastych i iglastych, zwłaszcza na kwaśnych glebach; pojawia się wraz z nastaniem chłodów; częsty.
Kapelusz: ∅ 3-10 cm, za młodu półkulisty, z czasem łukowaty, poduszkowato rozpłaszczony. Szarobrązowy, niekiedy z odcieniem oliwkowym, czerwonym lub szarym; brzeg fioletowoczerwony. Powierzchnia nierówna, z czasem popękana, oszroniona. Miąższ bladożółty, na przekroju zazwyczaj niezmienny i tylko w trzonie słabo niebieskawy a po wyschnięciu czerwonawy.
Pod kapeluszem: rurki. **Odcisk kapelusza:** oliwkowobrązowy lub oliwkowy.
Trzon: cylindryczny, twardy, gładki, podłużnie włóknisty; w młodości żółty do żółtopomarańczowego, potem ku górze brązowoczerwonawy.
Miąższ: bladożółty, na przekroju zazwyczaj niezmienny i tylko w trzonie słabo niebieskawy a po wyschnięciu czerwonawy. Za młodu soczysty i jędrny, z wiekiem w trzonie włóknisty. Zapach owocowy, smak przyjemny.

Cechy charakterystyczne: pory pod naciskiem sinieją, lecz miąższ na przekroju pozostaje niemal niezmienny; fioletowoczerwony brzeg kapelusza; jędrny miąższ.
Łatwo pomylić z: większością jadalnych podgrzybków i niektórych borowików.

Borowik ponury

Suillellus luridus

Nazywany również: świniak, grzyb ponury, podciecz, potecz.

Występowanie: w zacienionych fragmentach lasów oraz parków liściastych i mieszanych, na glebach zasadowych, głównie pod dębami i bukami; niezbyt częsty.

Kapelusz: ∅ 7-23 cm, grubomięsisty, wypukły, za młodu półkulisty, potem niemal płaski. Kolor bardzo zmienny, przeważnie oliwkowy, zgniłobrązowy albo żółtopomarańczowy, płowoczerwony. Skórka sucha, zamszowa, aksamitna, nieoddzielalna od miąższu; ciemnieje pod naciskiem.

Pod kapeluszem: żółtozielonkawe rurki o pomarańczowych porach. **Odcisk kapelusza:** oliwkowobrązowy.

Trzon: cylidryczny, masywny, czasem grubszy u dołu. Ciemnożółty, rdzawy do brudnoczerwonawego (zwłaszcza w dolnej części), pokryty przeważnie na całej wysokości czerwoną siateczką.

Miąższ: jędrny, z wiekiem miękki, w kapeluszu cielistożółty, przy trzonie jasnocytrynowy, w dole trzonu za młodu ceglasty a z wiekiem brudnoczerwony. Na przekroju natychmiast przebarwia się na niebiesko lub błękitnozielono, a po chwili szarozielono, w dole trzonu z ceglastym odcieniem. Powyżej rurek jasnopomarańczowy z winnoczerwoną smugą. Słaby zapach, łagodny smak. Nadgryziony przez ślimaki z czasem czerwienieje.

Cechy charakterystyczne: kolorystyka kapelusza charakteryzuje się dużą zmiennością, ale wyróżniają go szybkie i mocne błękitnienie cielistożółtego miąższu oraz wyraźna czerwona siateczka na trzonie.

Łatwo pomylić z: borowik ceglastopory (nie ma siateczki na trzonie).

Uwagi: rzadko zbierany, gdyż niegdyś przez niektórych autorów uważany za trujący zwłaszcza gdy jest łączony z alkoholem, co jednak nie znalazło potwierdzenia w badaniach.

Borowik szlachetny

Boletus edulis

Nazywany też: prawdziwek, borowy, borowik, borowik prawdziwy, dębowy, grabak.

Występowanie: w lasach iglastych i mieszanych pod świerkami, sosnami, dębami, bukami, jodłami. Zbierany w czerwcu, po letniej przerwie pojawia się ponownie jesienią. Lubi miejsca prześwietlone; częsty.

Kapelusz: ∅ 5-25 cm, za młodu silnie wypukły i biały lub jasnobrązowy, z czasem ciemnieje do koloru ochrowobrązowego, czerwonobrązowego, kasztanowego lub ciemnobrązowego i staje się bardziej płaski; czasami niemal biały (gdy rośnie pod ściółką). Niekiedy lekko pomarszczony, na starość poduszkowato rozpostarty. Skórka lekko lepka w stanie wilgotnym, w stanie suchym matowa; na sucho nieoddzielna od miąższu – jedynie gdy mokra, możliwa do zdzierania małymi płatami.
Brzeg kapelusza jest jaśniejszy.

Pod kapeluszem: rurki. **Odcisk kapelusza:** oliwkowobrązowy.

Trzon: cylindryczny lub baryłkowaty, niekiedy cienki i prosty. Białawy, jasnopiaskowy, cielisty lub w różnych odcieniach brązu, czasem z odcieniem koloru kapelusza, a w górnej części na wysokości 2/4-3/4 delikatnie przyozdobiony brązową lub cielistą siatką.

Miąższ: biały, pod skórką czasem ochrowożółty (w odcieniu brązu lub fioletu), w młodości jędrny, z wiekiem gąbczasty.

Cechy charakterystyczne: niezmienny kolor pod wpływem ucisku czy na przekroju, pełny trzon jedynie w górnej części słabo usiatkowany.

Łatwo pomylić z: borowik usiatkowany, borowik sosnowy, goryczak żółciowy (niejadalny).

Borowik usiatkowany
Boletus reticulatus

Występowanie: w widnych lasach liściastych i (rzadziej) iglastych; pod dębami i bukami, rzadziej świerkami, jodłami i sosnami; stosunkowo częsty.
Kapelusz: ∅ 5-25 cm (rzadko do 30 cm), kulisty, z czasem wypukły do spłaszczonego, bardzo mięsisty.
Od jasno- do ciemnobrązowego, płowy, matowy, delikatnie zamszowy. Podczas suszy skórka czasem pęka na drobne poletka.
Pod kapeluszem: rurki. **Odcisk kapelusza:** oliwkowopiaskowy.
Trzon: pełny, gruby, czasem bulwiasty. Kolor taki, jak kapelusza, czasem ciemniejszy lub jaśniejszy. Pokryty siateczką na całej długości (jasną za młodu, ciemniejącą z wiekiem).
Miąższ: jędrny, niezmienny, z wiekiem gąbczasty. Biały, pod skórką lekko kremowy, brązowawy lub czerwonawy. Przyjemny zapach i smak (określany jako słodkawy, orzechowy).
Cechy charakterystyczne: trzon na całej wysokości pokryty wyraźną siateczką; zamszowaty ciemny kapelusz.
Łatwo pomylić z: borowik szlachetny, borowik sosnowy, goryczak żółciowy (niejadalny).
Uwagi: na pierwszy rzut oka „bliźniak" borowika szlachetnego i borowika sosnowego, powszechnie z nimi mylony. Ciepłolubny, pojawia się wśród pierwszych borowików.

d. Borowik zajęczy
Podgrzybek zajączek
Boletus subtomentosus

Nazywany też: borowik zajęczy, zajęczy grzyb, zajęczy grzybek, grzyb cynamonowobrunatny.
Występowanie: w różnych rodzajach lasów i na różnych glebach, choć bardzo chętnie w dębinach. Rośnie w małych skupiskach, pospolity.
Kapelusz: ∅ 3-10 cm, mięsisty, początkowo półkulisty, z wiekiem poduszkowato wypukły. Matowy, grubozamszowy a ku brzegowi bardziej aksamitny, podczas suszy nieco spękany. Kolor oliwkowy, zgniłobrązowy. Brzeg długo podwinięty, skórka nieoddzielalna od miąższu.
Pod kapeluszem: rurki. **Odcisk kapelusza:** oliwkowobrązowy.
Trzon: pełny, smukły, walcowaty, na dole nieznacznie zwężony. Jasny, żółtoochrowy, kremowocielisty, nieco włóknisty, czasem z cienkimi brązowymi kosmkami tworzącymi delikatną ziarnistą marmurkowatą siateczkę o owalnych oczkach (niekiedy za wyjątkiem górnej części trzonu).
Miąższ: gruby, mięsisty, białawo-żółtozielonkawy, pod skórką brązowy, w trzonie twardy i włóknisty. Przeważnie nie sinieje na przekroju.
Łagodny smak, przyjemny zapach.
Cechy charakterystyczne: zielonooliwkowy kapelusz i złotożółte pory.
Łatwo pomylić z: podgrzybek złotopory, podgrzybek żeberkowany.
Uwagi: u starszych owocników skórka bywa gorzka, więc zaleca się jej odcięcie (zedrzeć się nie da).

d. Borowik złotopory

Podgrzybek złotopory

Xerocomellus chrysenteron

Nazywany też: zajączek, zajęczak, borowik złotopory.
Występowanie: w lasach iglastych, liściastych a zwłaszcza mieszanych, w miejscach wilgotnych i średnio zacienionych; pospolity.
Kapelusz: ∅ 3-10 cm, początkowo półkolisty, potem poduszkowato wypukły, z czasem spłaszczony. Przybiera różne odcienie jasnego brązu, z domieszką oliwkowego, ochrowego, żółtego lub czerwonego; czasem ciemnobrązowy (po zimnym lecie). Miejsca zranienia (np. nadgryzienia przez ślimaka) barwią się na różowoczerwono. Aksamitna skórka często pęka (szczególnie podczas suchej i upalnej pogody), tworząc brązowawe płaty na cielistym, różowawym tle. W dotyku filcowaty, suchy, jedynie gdy wilgotny – lekko lepki.
Pod kapeluszem: rurki. **Odcisk kapelusza:** zgniłobrązowy lub oliwkowy.
Trzon: pełny; prosty lub wygięty, rzadko maczugowaty. Podstawa czasem nieco grubsza lub cieńsza od reszty trzonu, z białożółtawą grzybnią. W górnej części żółty, w dolnej (rzadziej na całej wysokości) czerwonawy lub zielonkawy. Powierzchnia drobno kosmkowata, czasem podłużnie włókienkowata; lekko błękitnieje pod naciskiem.
Miąższ: we wczesnej młodości zwarty, szybko staje się miękki; bladożółty lub niemal biały; na przekroju lekko przebarwia się na niebiesko; łatwo pleśnieje. Zapach nieznaczny, smak lekko kwaskowy.
Cechy charakterystyczne: skórka spękana lub jednolita; pory pod naciskiem sinieją.
Łatwo pomylić z: podgrzybek obciętozarodnikowy, podgrzybek zajączek, podgrzybek czerwonawy.
Uwagi: z uwagi na gąbczasty, miękki miąższ, bardziej wartościowe są młodsze owocniki. Po zebraniu w ciepły dzień, jego pory mogą szybko pokryć się pleśnią. Szczególnie podczas zimnych jesieni owocniki mogą nie posiadać czerwonego odcienia trzonu ani jasnobrązowej barwy kapelusza – miąższ jest wtedy mniej gąbczasty i mniej robaczywy, a kapelusz ciemniejszy.

Borowik żółtobrązowy

Butyriboletus appendiculatus

Nazywany też: borowik przyczepkowy.
Występowanie: pojedynczo w lasach liściastych (głównie bukowych, ale też pod dębami) na lekkich glebach (najchętniej wapiennych), rzadziej w lasach iglastych.
Kapelusz: ∅ 5-22 cm, półkulisty, wypukły, z wiekiem spłaszczony, mięsisty, o suchej, zamszowatej lub delikatnie włóknistej powierzchni, czasem pofałdowany. Brązowy, niekiedy z odcieniem żółtawym lub czerwonawym. Pod naciskiem przebarwia się na rudo. Skórka schodzi nieco poniżej rurek, pod wpływem wilgoci staje się trochę lepka.
Pod kapeluszem: rurki. **Odcisk kapelusza:** oliwkowobrązowy.
Trzon: pełny, cylindryczny, czasem w środkowej części zgrubiały, silnie zwężony u podstawy. Żółty, u góry złotożółty lub żółtoochrowy, na dole z odcieniem brązowawym i różowawym. Pokryty żółtą siateczką, z wiekiem zanikającą.
Miąższ: gruby, w trzonie żółty i nieco brązowawy przy podstawie, w kapeluszu białawożółtawy, przy trzonie lekko brązowawy i różowawy. Na przekroju błękitnieje. Słabo wyczuwalny przyjemny zapach i łagodny smak.
Cechy charakterystyczne: łatwy do rozpoznania po brązowym kapeluszu, żółtym trzonie i błękitniejącym miąższu.
Łatwo pomylić z: borowik górski, borowik królewski.

Czernidłak kołpakowaty

Coprinus comatus

Nazywany też: bedłka kołpak, kołpak, czubajka, kołpaczek, sowa.
Występowanie: przeważnie gromadnie, praktycznie wszędzie: w parkach, ogrodach, na łąkach, wysypiskach śmieci, przy drogach a nawet na drogach między płytami chodnikowymi; pospolity.
Kapelusz: ∅ 3-6 cm, za młodu jajowaty, walcowato wydłużony z brzegiem przylegającym do trzonu; z wiekiem dzwonkowaty i rozpostarty, z wywiniętym brzegiem. Białawy z ochrowobrązowym nagim wierzchołkiem, poniżej którego pokryty jest grubymi, odstającymi, białawymi (z wiekiem brązowawymi) łuseczkami. Po dojrzeniu owocnika kapelusz różowieje, by ostatecznie sczernieć i dosłownie się rozpłynąć.
Pod kapeluszem: blaszki. **Odcisk kapelusza:** czarny.
Trzon: smukły, rurowato wydrążony, przy podstawie szerszy; początkowo biały, z czasem żółtawy; gładki lub pokryty delikatnymi kosmkami. Pierścień delikatny i ruchomy (często zsuwający się), zanikający, biały.
Miąższ: w kapeluszu cienki i miękki, w trzonie włóknisty; biały, o łagodnym smaku i słabym nieprzyjemnym zapachu.
Cechy charakterystyczne: wysmukły owocnik o białym dzwonkowatym kapeluszu pokrytym łuseczkami, z wiekiem czerniejący i rozpływający się w czarną maź.
Uwagi: jadalne są tylko młode owocniki z białymi, zamkniętymi kapeluszami.

Czubajka kania

Macrolepiota procera

Nazywana też: kania, sowa, parasolnik, parasolowiec, drop, czubaj, gapa, czubak, deszczochron.
Występowanie: w lasach liściastych (rzadziej iglastych), na łąkach, wśród traw; preferuje miejsca nasłonecznione; pospolita.
Kapelusz: ∅ 10-30 (czasem nawet 40) cm, za młodu jajowaty, z wiekiem płasko rozpostarty z garbkiem na środku. Początkowo jasnobrązowy, z czasem warstwa o tym kolorze pęka na duże strzępiasto-włókniste łuseczki, pokrywające biały kapelusz, układające się dachówkowato, drobniejsze ku obwodowi.
Pod kapeluszem: blaszki. **Odcisk kapelusza:** biały.
Trzon: cylindryczny, smukły, wysoki i cienki (do 40 cm wysokości przy 2 cm grubości!), podstawa bulwiasto zgrubiała (lecz bez pochwy). Pokryty brązowymi łuseczkami, często układającymi się w zygzakowaty wzorek. Pierścień podwójny, duży, wyraźny, wełnisty, przesuwalny.
Miąższ: niezmienny, biały; w kapeluszu miękki, z wiekiem watowaty; w trzonie włóknisty, łykowaty. Przyjemny, aromatyczny, słodkawy zapach i łagodny, orzechowy smak.

Cechy charakterystyczne: przesuwalny podwójny pierścień, niezmienny miąższ, zygzakowato łuseczkowaty trzon i łuszczące się duże łatki na kapeluszu, a przede wszystkim cecha główna: imponujące rozmiary.
Łatwo pomylić z: inne czubajki.
Uwagi: utarła się nieuzasadniona niczym opinia, że czubajka kania to gatunek łatwo mylony z muchomorem sromotnikowym (obecnie zielonawym) – choć jedyne podobieństwo tych gatunków jest takie, że oba są grzybami.

Czubajka sutkowata

Macrolepiota mastoidea

Nazywana też: czubajka beżowa, czubajka właściwa, czubajka wysmukła.
Występowanie: w widnych fragmentach lasów liściastych, w parkach, zaroślach i na łąkach; rzadka.
Kapelusz: ∅ 7-15 cm, za młodu jajowaty, następnie stożkowato-dzwonkowaty do płaskiego; na środku wyraźny, sutkowaty, ostry garbek. Jasnoochrowy do jasnobrązowego, z czasem poletkowato spękany, lecz rzadko i tylko nieznacznie łuseczkowaty. Brzeg ostry.
Pod kapeluszem: blaszki. **Odcisk kapelusza:** biały.
Trzon: za młodu pełny, potem wydrążony; cylindryczny z nieznacznie rozszerzoną podstawą; jasnoochrowy. Pierścień błoniasty, lejkowato wzniesiony. Powyżej pierścienia trzon gładki lub pokryty drobnymi łuseczkami, a poniżej usłany delikatnymi ciemniejszymi łuseczkami układającymi się we wzór poszarpanych pierścieni lub gładki.
Miąższ: niezmienny, biały, w kapeluszu delikatny, w trzonie włóknisty i twardy; słaby nieokreślony zapach i łagodnie orzechowy smak.
Cechy charakterystyczne: sutkowaty ostro zwieńczony wierzchołek kapelusza, spękanego na jasnobrązowe poletka (często nie formujące się w łuseczki) na białym tle; lejkowaty pojedynczy pierścień.
Łatwo pomylić z: inne podobne czubajki.

Drobnołuszczak żółtawy

Pluteus leoninus

Nazywany też: łuskowiec żółty, łuskowiec żółtawy, rumieniak ognisty.
Występowanie: pojedynczo w lasach liściastych (głównie bukowych, ale też pod dębami) na lekkich glebach (najchętniej wapiennych), rzadziej w lasach iglastych.
Kapelusz: ∅ 1-8 cm, cytrynowożółty, złocisty, żółtobrązowawy, przeważnie prążkowany od brzegu do połowy promienia, zmieniający nieco swoją barwę w zależności od stopnia nawilgocenia. Ciemniejszy w środkowej części. W młodości dzwonkowaty lub stożkowaty, stopniowo rozpościerający się do płaskiego, często z niewielkim szerokim uwypukleniem. Brzeg ostry, delikatnie bruzdkowany. Na młodych owocnikach szczytowa część pokryta jest wyprostowanymi łuseczkami, które z czasem w kierunku brzegu coraz bardziej przylegają do miąższu, nadając powierzchni aksamitny wygląd.
Pod kapeluszem: blaszki. **Odcisk kapelusza:** różowy, łososiowy.
Trzon: pełny, z wiekiem czasem pusty. Wysoki, cylindryczny z bulwiastym zgrubieniem podstawy i nieznacznym zwężeniem na szczycie. Biały, delikatnie jedwabisto podłużnie prążkowany, w dolnej części czasem żółtobrązowawy z drobnymi łuseczkami podobnej barwy przy podstawie.
Miąższ: biały, wodnistoszary z żółtym odcieniem, cienki, łamliwy. Smak nieco kwaskowy, zapach rzodkwi.
Cechy charakterystyczne: żółty kapelusz, czasem tylko z nieznacznym brązowawym odcieniem i biały trzon.
Łatwo pomylić z: drobnołuszczak żółtooliwkowy, drobnołuszczak żółtonogi (gatunki niejadalne).

Dzieżka pomarańczowa
Aleuria aurantia

Występowanie: przeważnie stłoczonymi kępkami, rośnie na nagiej ubitej wilgotnej ziemi w widnych miejscach, na leśnych drogach, w parkach, na cmentarzach, na przeoranej ziemi, czasem na wypaleniskach.
Owocnik: ∅ 2-10 cm, za młodu w kształcie niemal kulistej czarki lub miseczki, osadzonej bezpośrednio na ziemi (bez trzonu); z czasem rozpostarty i pogięty, o pofalowanym brzegu. Powierzchnia pomarańczowoczerwona,wewnątrz bardziej jaskrawa, na zewnątrz bledsza i z białawym oszronieniem.
Miąższ: bardzo cienki i kruchy, wodnisty; siwobiały; brak zapachu i smaku; po ususzeniu i rozdrobnieniu przyjemy zapach, poza tym bezwonna i o niewyczuwalnym smaku.
Cechy charakterystyczne: jaskrawe czerwonopomarańczowe wnętrze pofalowanej miseczki rosnącej na ziemi, owocowanie w lecie i na jesieni.
Łatwo pomylić z: czarka szkarłatna, czarka austriacka (obie jadalne).
Uwagi: jadalna (choć możliwe, że lekko trująca), lecz raczej ze względu na walory dekoracyjne.

Galaretek kolczasty
Pseudohydnum gelatinosum

Nazywany też: kolczak galaretowaty, galaretówka kolczasta, szczękacz galaretowaty.
Występowanie: gromadnie na silnie spróchniałych pniakach i kłodach drzew iglastych (głównie świerk), rzadziej liściastych; w miejscach wilgotnych i cienistych, przeważnie po północnej stronie pnia. Pospolity.
Kapelusz: ∅ 1-10 cm, łopatkowaty, językowaty, konsolowaty. Powierzchnia nierówna, ziarnisto-brodawkowana lub zamszowa; białawoszarawy, rzadziej ciemniejszy (fioletowawobrązowy do ciemnobrązowego), bocznie przyrośnięty do podłoża.
Pod kapeluszem: kolce drobne, gęsto rozmieszczone, szpiczaste, białe z niebieskim odcieniem.
Odcisk kapelusza: biały.

Trzon: krótki, masywny, osadzony bocznie wobec kapelusza i płynnie weń przechodzący; koloru kolców.
Miąższ: elastyczny, galaretowaty, szklisty, wodnisty, prześwitujący; za młodu mleczny, z czasem szary; bezwonny; smak niewyczuwalny lub lekko rybny.
Cechy charakterystyczne: specyficzna budowa (dachówkowato zrośnięte „języczki"), niepowtarzalna jednolicie wodnista konsystencja i białawobrązowawa powierzchnia kapeluszy w połączeniu z białymi kolcami i trzonem czyni ten gatunek trudnym do pomylenia.
Uwagi: owocniki są bardzo wodniste i po wyschnięciu praktycznie nic z nich nie zostaje.

Gąska niekształtna

Tricholoma portentosum

Nazywana też: gąska siwa, siwka, gąska szara, gąska bura, siwek, siwula, siwuszka.
Występowanie: na piaszczystych glebach lasów iglastych wśród mchów i porostów, pod sosnami i świerkami; miejscami częsta.
Kapelusz: ∅ 4-12 cm, za młodu półkulisty, z wiekiem staje się płaski, z garbkiem na środku. Popielaty, czasem z odcieniem brązu, żółci, zieleni lub błękitu. Gładki; mazisty tylko gdy wilgotny, poza tym suchy i błyszczący; promieniście usiany czarniawymi smużkami.
Pod kapeluszem: białawe blaszki z żółtozielonkawym połyskiem. **Odcisk kapelusza:** biały.
Trzon: cylindryczny, pełny, słabo włókienkowaty; początkowo biały, z wiekiem miejscami żółtozielonkawy; powierzchnia sucha i gładka.
Miąższ: białawy do wodnistoszarego, łagodny smak i zapach mąki.
Cechy charakterystyczne: delikatny smak i towarzystwo drzew iglastych.
Łatwo pomylić z: rosnącą również pod świerkami gąską pieprzną (słabo trująca) oraz z rosnącymi pod bukami gąską ostrą (słabo trująca) i gąską szerokoblaszkową (niejadalna). Wszystkie trzy mają ostry gorzki smak.

Gąska zielonka

Tricholoma equestre

Nazywana też: bedłka zielonka, gąska żółta, gąska zielona, peconka, podsłonka, zieleniatka, prośnianka.
Występowanie: w lasach liściastych i iglastych, głównie sosnowych, na glebach piaszczystych, wśród porostów; miejscami częsta.
Kapelusz: ∅ 4-10 cm, w młodości półkulisty do dzwonkowatego, z wiekiem rozpostarty do wklęsłego, z tępym garbkiem na środku. Lśniący, żółtozielonkawy, czasem z odcieniami brązowego i oliwkowego, rozjaśniający się ku brzegowi. Skórka naga lub pokryta drobnymi łuseczkami, na starość popękana, mazista pod wpływem wilgoci. Brzeg za młodu podwinięty, z czasem często pofalowany.
Pod kapeluszem: blaszki (bladożółte do siarkowożółtych). **Odcisk kapelusza:** biały.
Trzon: walcowaty do lekko maczugowatego, pełny, w nieco jaśniejszym odcieniu barwy kapelusza, gładki lub słabo kosmkowaty, nieznacznie wystający ponad ziemię.
Miąższ: biały, białawy do bladożółtego, pod skórką kapelusza żółtawy; łagodny przyjemny zapach i smak mąki.
Cechy charakterystyczne: biały miąższ i żółtawe blaszki, przyjemny delikatny smak i zapach.
Łatwo pomylić z: gąską siarkową o siarkowożółtym miąższu i nieprzyjemnej woni karbidu (trująca) oraz z gąską zielonożółtą o białych blaszkach i gorzkawym smaku.
Uwagi: w 2001 r. we Francji zanotowano trzy śmiertelne zachorowania na rabdomiolizę, jednak do dziś nie jest pewne, czy powodem była gąska zielonka, która pozostaje nadal chętnie zbieranym gatunkiem, w Polsce dopuszczonym do obrotu handlowego.

Gąsówka fioletowawa

Lepista nuda

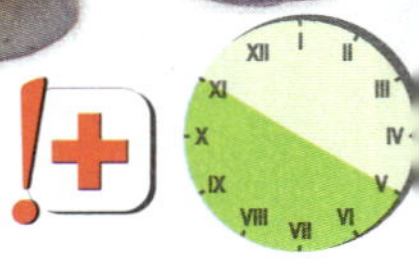

Nazywana też: gąsówka naga, bedłka fioletowa, rycerzyk fioletowy, gąska fioletowa, gąska psia, gąska dzika.
Występowanie: w lasach iglastych i liściastych, w ogrodach i parkach, na resztkach roślinnych; pospolita.
Kapelusz: ∅ 5-15 cm, za młodu wypukły, z wiekiem rozpostarty a czasem lekko wgłębiony. Kolor od żywego fioletu, przez liliowy po bledszy z odcieniami brązowego i ochrowego, z brązowawym środkiem. Niekiedy wodnisty, wyschnięty blaknie. Powierzchnia sucha, matowa, gładka. Brzeg początkowo podwinięty, z czasem wywinięty i pofalowany.
Pod kapeluszem: blaszki barwy kapelusza. **Odcisk kapelusza:** różowy w różnych odcieniach.
Trzon: pełny, stosunkowo masywny, cylindryczny do maczugowatego. Powierzchnia delikatnie włókienkowato-kosmkowata. Początkowo fioletowy z białymi włókienkami, z czasem bledszy (lecz bez brązowawego odcienia kapelusza) i wtedy szaroniebieski lub szarobiaławy. Podstawa nieco bulwiasta, przerośnięta podłożem i osnuta grzybnią barwy fioletowawej do brązowofioletowej.
Miąższ: początkowo jędrny i twardy, z wiekiem miękki. Za młodu fioletowy, potem blaknący do szarawego. Zapach owocowo-słodkawy, smak łagodny.
Cechy charakterystyczne: fioletowawy, stosunkowo masywny owocnik; kapelusz z brązowawym centrum; pełny trzon bez pierścienia; brak zasnówki.
Łatwo pomylić z: trujące zasłonaki z pajęczynowatą zasnówką i rdzawobrązowym odciskiem kapelusza!
Uwagi: można ją uprawiać na kompoście, jak pieczarki.

d. Gołąbek czarniawy

Gołąbek podpalany

Russula adusta

Nazywany też: gołabek czerniejący, gołąbek czarniawy.
Występowanie: w lasach iglastych i liściastych, zwłaszcza pod dębami i bukami; pospolity.
Kapelusz: ∅ 7-20 cm, twardy, w młodości wypukły, z wiekiem rozpostarty i wklęsły, z silnie podwiniętym grubym gładkim brzegiem na krawędzi czasem wzniesionym. Za młodu białawy, szybko przybiera kolor szary, szarobrązowy, brązowy w odcieniu sepii, z czasem znacznie ciemniejszy po czarny. W młodości powierzchnia nieco lepka, gdy wilgotna. Skórka sucha, matowa, można ją zedrzeć do 1/3 promienia kapelusza.
Pod kapeluszem: blaszki. **Odcisk kapelusza:** czysto biały.
Trzon: gruby i gładki, matowy, od podstawy plamisto brązowiejący a czasem czerwieniejący, pod wpływem dotyku różowiejący. Z wiekiem ciemnobrązowy, niemal czarny. W młodości pełny, lecz szybko watowaty i stopniowo pusty, stosunkowo łamliwy.
Miąższ: twardy, ścisły, jędrny, w młodości biały, z wiekiem brudnocielisty do czerwonawego (jak w miejscach wyżartych przez zwierzęta), potem czarny. Słaby zapach w młodości owocowy, potem przypominający nieco stęchliznę lub chleb. Smak łagodny, lecz przy młodych blaszkach i w starych owocnikach nieco piekący.
Cechy charakterystyczne: bardzo grube, łamliwe, rzadkie blaszki; brązowy kapelusz; miąższ początkowo czerwieniejący a potem czerniejący.
Łatwo pomylić z: gołąbek gęstoblaszkowy, gołąbek białoczarny.
Uwagi: niektóre źródła uznają ten gatunek za niejadalny. Przeważnie grzybiarzy zniechęca nieapetycznie czerniejący miąższ.

Gołąbek zielonawofioletowy

Russula cyanoxantha

Nazywany też: gołąbek modrożółty.
Występowanie: w lasach liściastych, iglastych i mieszanych; pospolity.
Kapelusz: ∅ 5-15 cm, za młodu półkulisty, jędrny, mięsisty, z wiekiem rozpostarty i przeważnie nieco wklęsły. W różnych odcieniach fioletu przemieszanego z ochrowym, zielenią i szarością; w środkowej części zazwyczaj ciemniejszy. Wypłowiałe miejsca mogą stać się żółtawozielonkawe lub ochrowoliliowe. Przy krawędzi czasem szarooliwkowy z plamkami w kolorze lila. Brzeg przeważnie nieco podgięty, krawędź ostra lub tępa, gładka, na starość czasem słabo karbowana, bardzo rzadko spękana. Skórka gładka, zazwyczaj z nieznacznymi promienistymi porysowaniami, pod wpływem wilgoci nieco lepka i błyszcząca, gdy sucha – matowa; możliwa do zdarcia niemal do połowy promienia kapelusza.
Pod kapeluszem: blaszki. **Odcisk kapelusza:** biały.
Trzon: masywny, jędrny, twardy, zazwyczaj równej grubości, o gładkiej połyskliwej powierzchni. Biały, czasem miejscami z lilarudawymi przebarwieniami, z wiekiem nieco watowaty w środku.
Miąższ: biały a tuż pod skórką fioletowoczerwonawy, zielonkawy lub miejscami słabo brązowawy. Gruby, jędrny, ścisły, w młodości o woni owoców, z wiekiem bezwonny. Smak łagodny, w młodości czasem nieznacznie piekący po dłuższym smakowaniu.
Cechy charakterystyczne: bardzo zmienne barwy i duże owocniki.
Łatwo pomylić z: gołąbek fiołkowozielony, gołąbek chmurny, gołąbek zielonawy.
Uwagi: wśród podobnych gatunków znajdują się jadalne i równie smaczne, jest to więc jeden z „najbezpieczniejszych" gołąbków do zbierania.

Gołąbek zielonawy

Russula virescens

Nazywany też: gołąbek zielony, brzozówka, cyganka, zielonka.
Występowanie: przeważnie pojedynczo lub po kilka, wyrasta głównie w widnych lasach liściastych (dąb, buk, grab, brzoza), rzadziej mieszanych i iglastych (świerk). Częsty.
Kapelusz: ∅ 5-15 cm, masywny, mięsisty, jędrny, stosunkowo twardy. Początkowo niemal kulisty, z czasem płaski do lekko wklęsłego. Szarozielony, zielony, na brzegu jaśniejszy i bielszy. Skórka nieoddzielna, matowa, mączysta, zazwyczaj poletkowato popękana. Brzeg za młodu ostry, z wiekiem tępy i przeważnie falisty lub promienisto spękany, na starość nieco karbowany.
Pod kapeluszem: blaszki. **Odcisk kapelusza:** biały.
Trzon: pełny, z czasem watowaty. Cylindryczny lub nieco rozdęty, masywny, gładki, u góry trochę mączysty. Biały, przy podstawie czasem beżowy.
Miąższ: niezmienny, gruby, jędrny, biały, niemal bezwonny lub o zapachu lekko owocowym u świeżo zebranych owocników i serowym u starych.
Smak łagodny.
Cechy charakterystyczne: zielony kapelusz o spękanej, nieodddzielnej skórce.
Łatwo pomylić z: gołąbek oliwkowozielony, gołąbek białozielonawy (niejadalny).

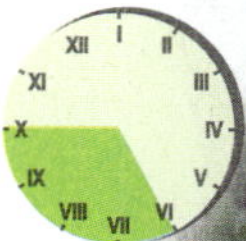

Grzybówka cytrynowa

Mycena epipterygia

Nazywana również: grzybówka skrzydlasta, bedłka cytrynowa.
Występowanie: rośnie gromadnie w lasach iglastych i liściastych, jak i poza lasem, na ściółce lub martwym drewnie, na butwiejącej trawie, wśród mchów, najczęściej na glebach kwaśnych. Pospolita.
Kapelusz: ∅ 1-3 cm, początkowo dzwonkowaty, z czasem półkulisty lub szeroko stożkowaty, z płaskim garbkiem. W stanie suchym niemal biały, poza tym żółtawy, ochrowy, zielonkawy, żółtozielonkawy do czerwonobrązowego, przeważnie z ciemniejszym wierzchołkiem a na starość pokryty brązowymi plamkami. Skórka gumowata, elastyczna, całkowicie zdzieralna, gładka, lepka, śliska, z promienistymi żłobieniami od prześwitujących blaszek. Pod naciskiem czasem przebarwia się na brązowawoczerwony; brzeg ząbkowany.
Pod kapeluszem: blaszki. **Odcisk kapelusza:** biały.
Trzon: pusty, cienki, smukły, półprzejrzysty, gładki; podstawa czasem korzeniasto zwężona i opleciona nielicznymi poskręcanymi szarobiałymi włoskami. W młodości biało oprószony, potem jedynie na końcach; śliski, śluzowaty, pokryty łatwo zdzieralną gumowatą skórką. Cytrynowożółty, białawokremowy, niekiedy lekko zielonkawy lub brązowawy.
Miąższ: cienki, elastyczny, wodnisty, biały; czasem o lekko ogórkowej woni; smak nieokreślony, łagodny.
Cechy charakterystyczne: śliski, lepki, białożółty owocnik, z trzonem i kapeluszem pokrytymi łatwą do zdarcia gumowatą skórką.
Uwagi: gatunek o bardzo zmienny wyglądzie – często wyróżnia się jego odmiany.

Grzybówka hełmiasta

Mycena galericulata

Nazywana też: grzybówka różowoblaszkowa, bedłka hełmiasta, bedłka kołpakowata, grzybokarlik pospolity.
Występowanie: wyrasta kępkami we wszystkich typach lasów, na drewnie drzew liściastych i iglastych a czasem na ziemi; pospolita.
Kapelusz: ∅ 2-6 cm, początkowo stożkowaty, dzwonkowaty, półkulisty, z wiekiem rozpostarty, czasem z garbkiem. Stosunkowo zmiennej barwy w zależności od stopnia nawilgocenia: białawy, szarobiały, szarobrązowy, cynamonowobrązowy; brzeg jaśniejszy. Gładki, promieniście pomarszczony i prążkowany od obwodu ku ciemniejszemu środkowi dzięki prześwitującym blaszkom (zwłaszcza gdy mokry).
Pod kapeluszem: blaszki. **Odcisk kapelusza:** biały.

Trzon: pusty, smukły, włóknisty, równej grubości, często z korzeniastą podstawą wnikającą w podłoże. Koloru kapelusza, na górze jaśniejszy; konsystencja chrząstki; powierzchnia naga i błyszcząca z białawymi włókienkami u podstawy.
Miąższ: w kapeluszu cienki za wyjątkiem garbka; chrząstkowaty, białawy, szarawy, wodnisty. Słaby zapach i smak ogórkowo-mączny.
Cechy charakterystyczne: różowawe blaszki, gładki trzon, żeberkowany kapelusz z bledszym brzegiem i ciemniejszym garbkiem na środku, zapach i smak ogórkowo-mączny.

Kolczak obłączasty

Hydnum repandum

Nazywany też: kolczak obłączysty, kolczak blaszkowaty, sarna zaroślowa, siarna.
Występowanie: rośnie grupami w lasach liściastych i rzadziej iglastych, na glebach zasadowych; pospolity.
Kapelusz: ∅ 3- 17 cm , w młodości wypukły, z wiekiem nieregularnie spłaszczony, łukowaty, w środku wgłębiony; powierzchnia za młodu zamszowata i nieznacznie kosmkowata, z wiekiem gładko łuseczkowata. Białawy, kremowy, kremowoochrowy, beżowy, żółtawy do bladopomarańczowego. Brzeg początkowo podwinięty, z wiekiem nierówny i pofalowany.
Pod kapeluszem: kruche kolce koloru kapelusza lub jaśniejsze. **Odcisk kapelusza:** biały.
Trzon: pełny, gruby, walcowaty, powyginany; często rośnie nie dokładnie na środku kapelusza; białawy, kremowy; po uszkodzeniu czasem zmienia barwę na chromowożółtą.
Miąższ: gruby, mięsisty, twardy choć kruchy; biały, białawożółty do białopomarańczowego. Przyjemny zapach; łagodny smak z wiekiem owocnika zyskuje kwaskowo-gorzkawą nutę.
Cechy charakterystyczne: białawy, żółtawy lub bladopomarańczowy owocnik z kruchymi kolcami pod kapeluszem.
Łatwo pomylić z: pieprznik jadalny (pod kapeluszem listewki), nazimek białawy (pod kapeluszem rurki).
Uwagi: jadalne są młode owocniki, starsze nieprzydatne ze względu na gorzki smak.

Koralówka żółta

Ramaria flava

Nazywana też: płaskosz żółty, goździanka żółta, goździeniec żółty, kozia broda gałęzista.
Występowanie: rośnie na ziemi, głównie w lasach bukowych, rzadziej w iglastych (świerk) i mieszanych.
Owocnik: wysokość do 25 cm, złożony z gęsto rozgałęzionych, krzaczasto zrośniętych, bocznie spłaszczonych gładkich błyszczących gałązek (w młodości chwilowo brązowieją pod naciskiem, potem niezmienne), zwieńczonych przeważnie dwoma tępymi wierzchołkami lub nieregularnie stępionymi wypustkami.

!

Kolor gałązek: jednolicie ochrowożółty, jasnożółty lub siarkowożółty.
Trzon: gruby, u dołu białawy i pokryty filcowatą białawą grzybnią, a wyżej blado- lub lśniącożółty, ku górze przechodzący płynnie w barwę gałązek.
Miąższ: kruchy, biały, o przyjemnym zapachu kwaskowo--rzodkiewkowym i przyjemnym smaku (gorzkawym tylko na wierzchołkach gałązek starszych owocników).
Cechy charakterystyczne: od podobnych koralówek różni się chłodnym odcieniem koloru siarkowożółtego lub zielonkawożółtego, lecz jednoznaczne oznaczenie gatunku w przypadku koralówek wymaga użycia mikroskopu.
Uwagi: konsumuje się trzon młodych owocników – gałązki starszych okazów zawierają substancje przeczyszczające.

Koźlarz babka

Leccinum scabrum

Nazywany też: stojak, stojaczek, babka, brzezak, brzeźniak.
Występowanie: w brzozowych zagajnikach i lasach mieszanych, zawsze pod brzozami. Pospolity.
Kapelusz: ∅ 5-20 cm, za młodu półkulisty, z wiekiem poduszkowaty do całkiem płaskiego. Przeważnie matowy i gładki, czasem nieco zamszowy lub słabo kosmkowaty. Brązowy w jaśniejszych lub ciemniejszych odcieniach, czasem z domieszką czerwieni; skórka nieoddzielna, pod wpływem wilgoci nieco śluzowata.
Pod kapeluszem: rurki. **Odcisk kapelusza:** ochrowobrązowy, oliwkowobrązowawy.
Trzon: smukły, równej grubości lub maczugowaty, przy podstawie przeważnie grubszy; zielonawy, białawy do jasnobrązowego; pokryty łuseczkami białymi, brązowymi lub czarnymi i przez to szorstki.
Miąższ: niezmienny lub słabo różowiejący (czernieje natomiast podczas przyrządzania), jędrny, czasem miękki; biały, w podstawie trzonu żółtawy lub zielonkawy. Słaby zapach i smak.
Cechy charakterystyczne: towarzystwo brzóz, brązowoczarny kapelusz, niezmienne pory pod naciskiem i słabo zmienny miąższ na przekroju.
Łatwo pomylić z: również pod brzozami rośnie koźlarz różnobarwny o kapeluszu z odcieniem oliwkowym i z porami brązowiejącymi pod naciskiem, a także koźlarz czarny o kapeluszu w odcieniach czerni. Podobnie zabarwione koźlarze, rosnące pod innymi gatunkami drzew.

Koźlarz białawy

Leccinum holopus

Występowanie: wyrasta w miejscach wilgotnych (torfowiska, bagna), zawsze w towarzystwie brzóz. Rzadki.
Kapelusz: ∅ 3-12 cm, za młodu półkulisty, z czasem łukowaty do poduszkowato płaskiego. Biały, żółtawy, czasem jasnobrązowy, może nabierać odcieni niebieskawych lub zielonkawych (zwłaszcza przy krawędzi). Nagi lub bardzo delikatnie owłosiony; nieco lepki, pod wpływem wilgoci śliski.
Pod kapeluszem: rurki (białawe do szarozielonkawych).
Odcisk kapelusza: cynamonowobrązowy, brązowy.
Trzon: walcowaty, na szczycie zwężony. Białawy; usłany białymi łuseczkami, ku podstawie coraz większymi i bardziej odstającymi, z czasem na dole bladobrązowymi lub zielonkawymi. Podstawa zielenieje pod naciskiem.

Miąższ: w kapeluszu miękki lub gumowaty, w trzonie włóknisty i twardy. Biały, jasnozielonkawy. Na przekroju nie zmienia barwy lub staje się różowawy, czerwonawy albo szarawy, a w podstawie trzonu niebieskozielonkawy. Słaby, nieokreślony zapach i smak.
Cechy charakterystyczne: białawy kapelusz i taki sam trzon oraz pokrywające go łuseczki, występowanie na terenach podmokłych pod brzozami.
Łatwo pomylić z: może być mylony z innymi koźlarzami o słabo wybarwionych kapeluszach.

Koźlarz czarny

Leccinum melaneum

Nazywany też: koźlarz czarnobrązowy*.
Występowanie: w miejscach wilgotnych i zawsze pod brzozami, zwłaszcza w piaszczystych lasach sosnowych. Rzadki.
Wymiary: ∅ 3-15 cm. Wysokość trzonu 7-15 cm, grubość trzonu 2-4 cm.
Kapelusz: za młodu stożkowaty, z czasem dzwonkowaty do łukowatego i poduchowato płaskiego. Ciemnobrązowy do czarnego. Powierzchnia przeważnie gładka; matowa, sucha, pod wpływem wilgoci czasem lepka.
Pod kapeluszem: rurki. **Odcisk kapelusza:** brązowooliwkowy.
Trzon: przy podstawie szerszy, u góry węższy; biały, gęsto pokryty czarnymi łuseczkami.
Miąższ: w kapeluszu za młodu ścisły, z wiekiem mięknie; w trzonie włóknisty i twardy. Biały, niezmienny, o słabym przyjemnym zapachu i smaku.
Cechy charakterystyczne: czarny kapelusz i czarne łuseczki na trzonie, występowanie pod brzozami.
Łatwo pomylić z: koźlarz babka i koźlarz różnobarwny; podobnie zabawione koźlarze, rosnące pod innymi gatunkami drzew.
Uwagi: *był utożsamiany z koźlarzem czarnobrązowym (uznanym w Polsce za narażony na wymarcie), który został w obecnej systematyce synonimem koźlarza babki, podczas gdy koźlarz czarny pozostaje odrębnym gatunkiem.

Koźlarz czerwony

Leccinum aurantiacum

Nazywany też: kozak czerwony, czerwonogłówka, panek, krawiec.
Występowanie: pod osikami i dębami, przeważnie pojedynczo, w lasach liściastych lub mieszanych. Pospolity.
Kapelusz: ∅ 4-20 cm, początkowo półkulity, z czasem poduszkowato wypukły; zazwyczaj pomarańczowy z domieszką żółci lub brązu, rzadziej z odcieniem szarości. Skórka matowa, sucha, nieznacznie oszroniona, zachodząca na rurki; pod wpływem wilgoci jest nieco lepka.
Pod kapeluszem: rurki. **Odcisk kapelusza:** ciemnoochrowy, brązowordzawy.
Trzon: cylindryczny, przeważnie grubszy u dołu; biały; pokryty odstającymi łuseczkami koloru białego, szarego, pomarańczowego, czerwonobrązowego lub brązowego (lecz nie czarnego).
Miąższ: w kapeluszu jędrny, w trzonie łykowaty i twardy. Biały, przy podstawie trzonu czasem błękitnozielonkawy. Na przekroju różowieje, a następnie fioletowieje lub szarzeje (rzadko brązowieje), ostatecznie czernieje. Nieznaczny zapach, łagodny smak.
Cechy charakterystyczne: Pomimo zmiennej kolorystyki kapelusza, wyróżniają go łuseczki na trzonie – za młodu są białe i nigdy nie osiągają koloru czarnego.
Łatwo pomylić z: koźlarz pomarańczowożółty.

Koźlarz grabowy

Leccinellum pseudoscabrum

Występowanie: wyrasta małymi grupami pod grabami w lasach liściastych (zwłaszcza z udziałem dębu lub lipy), w miejscach cienistych i wilgotnych. Częsty.
Kapelusz: ∅ 4-12 cm, za młodu półkulisty, z czasem wypukły a nawet płaski. Pomarszczony, podczas suszy poletkowato spękany, podczas deszczu trochę lepki.
Szeroka paleta kolorów: jasnoochrowy, żółtawozielonkawy, żółtobrązowy, oliwkowobrązowy, oliwkowoszary, brązowy lub niemal czarny. Skórka nieoddzielna, na brzegu z wiekiem kurczy się i odsłania rurki.
Pod kapeluszem: rurki o nierównych porach. **Odcisk kapelusza:** ciemnobrązowy.
Trzon: rozszerzony na środku; biały do żółtawego; powierzchnia szorstka dzięki brązowym lub czarnym łuseczkom.
Miąższ: za młodu w kapeluszu jędrny, z wiekiem mięknie; w trzonie włóknisty. Białawy, żółtawy; na przekroju różowy przez szarofioletowy do czarnego. Słaby nieokreślony zapach i smak.
Cechy charakterystyczne: pomarszczony kapelusz, zmienny miąższ (różowawy, potem czarny), towarzystwo grabów, pory pod naciskiem szare do czarnych.
Łatwo pomylić z: koźlarz bruzdkowany i podobne koźlarze, rosnące pod innymi gatunkami drzew.

Koźlarz pomarańczowożółty

Leccinum versipelle

Występowanie: w różnego typu lasach, zawsze pod brzozami. Pospolity.
Kapelusz: ∅ 5-20 cm, początkowo wypukły, z wiekiem poduszkowato spłaszczony; pomarańczowożółty, pomarańczowy do pomarańczowoczerwonego; powierzchnia zamszowata, z czasem blaknąca. Skórka wystaje poza brzeg kapelusza.
Pod kapeluszem: rurki z szarawymi, niezmiennymi porami. **Odcisk kapelusza:** brązowawy.
Trzon: białoszary, węższy przy kapeluszu. Już w młodości pokryty szaroczarnymi łuskami, które szybko stają się czarne.
Miąższ: biały, po przecięciu przebarwia się na fioletowoszary, potem szaroczarny. W trzonie łykowaty, przy podstawie kapelusza niebieskawozielonkawy. Brak zapachu, słaby przyjemny smak.
Cechy charakterystyczne: czarne łuseczki na trzonie owocnika o pomarańczowym kapeluszu, rosnącego pod brzozami.
Łatwo pomylić z: koźlarz czerwony rośnie pod osikami oraz dębami i nigdy nie ma czarnych łuseczek na trzonie. Podobne koźlarze, rosnące pod innymi gatunkami drzew.

Krążkownica wrębiasta

Discina ancilis

Nazywana też: piestrzenica wrębiasta.
Występowanie: wyrasta na próchniejącym drewnie świerka i sosny, również na ziemi, w ściółce z kory, wokół pniaków.
Owocnik: ∅ 3-15 cm, początkowo w kształcie płytkiej miseczki, z czasem płaski a nawet wypukły. Nieregularnie pomarszczony, po stronie wewnętrznej żółtobrązowy do ochrowobrązowego, po stronie zewnętrznej białawy do czerwonobrązowego.
Trzon: bardzo krótki, białoszary, pofałdowany żeberkami przechodzącymi na miseczkę.
Miąższ: białawy, cienki, kruchy, nieco łykowaty, o konsystencji wosku, słabo grzybowym zapachu i łagodnym smaku.
Cechy charakterystyczne: pofałdowany „plasterek" z brązowym wnętrzem, białym lub brązowym spodem oraz z niewielkim trzonem, niemal bezwonny.
Łatwo pomylić z: krążkówka żyłkowana (chroniona), przyczepka falista.

Kruchaweczka namakająca

Psathyrella piluliformis

Nazywana też: maślanka wodolubna, kruchaweczka wilgotna.
Występowanie: wyrasta kępkami na resztkach drewna drzew liściastych, w miejscach wilgotnych. Pospolita.
Kapelusz: ∅ 2-7 cm, za młodu wypukły, z wiekiem rozpościera się do płaskiego. Ubarwienie bardzo zmienne w zależności od poziomu wilgotności: od czerwonobrązowego i ciemnobrązowego gdy wilgotny, po żółtobrązowy do jasnobeżowoszarego gdy suchy. Powierzchnia naga, nigdy kleista, niekiedy słabo pomarszczona. U młodych owocników na brzegu kapelusza widoczne białawe resztki osłony.
Pod kapeluszem: blaszki. **Odcisk kapelusza:** czarnobrązowy.
Trzon: pusty, kruchy, równej grubości, powyginany; biały, brudnobiały; nagi (czasem z resztkami osłony) a u góry lekko oprószony.
Miąższ: kruchy, biały, bezwonny, o łagodnym nieokreślonym smaku.
Cechy charakterystyczne: gatunek bardzo zmienny, który jednak nigdy nie ma fioletowawych blaszek ani lepkiego kapelusza a trzon nie posiada pierścienia; przeważnie rośnie w kępkach.
Łatwo pomylić z: kruchaweczka zaroślowa również zmienia barwę w zależności od wilgotności, lecz w stanie suchym jej kapelusz jest jasno zabarwiony, a w stanie wilgotnym ciemnieje; pospolita, jadalna.
Uwagi: jadalna, lecz bez smaku i zbyt drobna, by miała zastosowanie kulinarne.

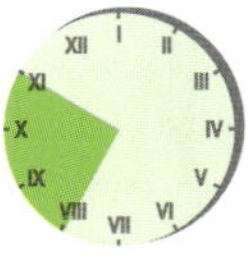

Kruchaweczka wąskoblaszkowa

Psathyrella spadiceogrisea

Nazywana też: kruchawka brunatnoszara, bedłka szarobrunatna, łączak szarobrunatny.
Występowanie: na wilgotnych i widnych stanowiskach w lasach liściastych i mieszanych oraz na skraju lasów, na leśnych drogach a także w parkach i ogrodach. Częsta.
Kapelusz: ∅ 2-6 cm, za młodu półkulisty, z wiekiem rozpostarty do wywiniętego. Początkowo miodowy, żółtobrązowy, jasnobrązowy, z czasem dominuje kolor szarobrązowy; odcień jest zależny od poziomu wilgoci – po wysuszeniu kapelusz może być całkiem biały. Gładki, w młodości usłany białymi kłaczkami (resztki osłony), po deszczu żłobkowany za sprawą prześwitujących blaszek. Brzeg początkowo nieco podwinięty, potem ostry i delikatnie pofalowany.
Pod kapeluszem: blaszki. **Odcisk kapelusza:** ciemnobrązowy.
Trzon: pusty, cylindryczny, bardzo kruchy; biały, pod naciskiem i na starość żółtawoochrowy. Najpierw podłużnie usłany jedwabistymi płatkami, potem gładki.
Miąższ: cienki, wodochłonny, kruchy; białawy do jasnobrązowego, bez smaku ani zapachu.
Cechy charakterystyczne: wczesna pora występowania.
Łatwo pomylić z: w późniejszych porach roku można spotkać wiele podobnych kruchaweczek, nawet przez specjalistów z trudem rozróżnianych.
Uwagi: Wśród kruchaweczek nie ma gatunków trujących.

Kruchaweczka zaroślowa

Psathyrella candolleana

Nazywana też: maślanka de Candolle'a.
Występowanie: wyrasta grupami w lasach liściastych, parkach i ogrodach, na poboczach dróg; na próchniejącym drewnie lub na zalegających w ściółce kawałkach drewna; pospolita.
Kapelusz: ∅ 3-7 cm, za młodu dzwonkowato-półkolisty, z czasem szeroko rozpostarty do płaskiego. Cienki i kruchy, o kolorystyce uzależnionej od wilgotności: w stanie suchym białawy z brązowawym szczytem, w stanie wilgotnym żółtawy do brązowego. Nagi, matowy, gładki albo słabo promieniście żyłkowany; za młodu oszroniony.
Brzeg cienki, gładki, z fioletowawym nalotem, czasem usłany białawymi pozostałościami po osłonie.
Pod kapeluszem: blaszki.
Odcisk kapelusza: ciemnobrunatny, brązowopurpurowy.
Trzon: pusty, smukły, równej grubości, łamliwy, białawy, jedwabiście połyskujący, gładki a czasem włókienkowaty; niekiedy z pierścieniem.
Miąższ: cienki, niezmienny, kruchy, koloru kapelusza lub jaśniejszy. Słabo grzybowy zapach i łagodny smak.
Cechy charakterystyczne: bardzo zmienna kolorystyka, jak i obecność włókienek czy pierścienia na trzonie – ale zawsze nieprążkowany brzeg kapelusza.
Łatwo pomylić z: kruchaweczka namakająca, polówka popękana, polówka wczesna.

Lakówka ametystowa

Laccaria amethystina

Nazywana też: bedłka fioletowa.
Występowanie: rośnie grupami, na ziemi lub próchniałym drewnie, w miejscach wilgotnych i mszystych, na różnych glebach, w parkach i ogrodach, w lasach iglastych (świerki) i liściastych (buki, dęby); pospolita.
Kapelusz: ∅ 2-6 cm, za młodu półkulisty z podwiniętym brzegiem i wgłębieniem na środku, z czasem wypukły do płasko rospostartego lub lekko lejkowatego, z pofałdowanym brzegiem u starszych owocników. Kolor stosunkowo zmienny: początkowo liliowy, fioletowy, z czasem brązowofioletowy i blaknący do białoszarego. Matowy, w młodości nagi, na starość niekiedy pokrywa się drobnymi łuseczkami.
Pod kapeluszem: blaszki nierównej długości, czasem pofalowane. **Odcisk kapelusza:** biały.
Trzon: równej grubości, twardy, włóknisty; za młodu pełny, z czasem staje się pusty i trochę zgrubiały; pokryty drobnymi kosmkami; barwy kapelusza z białofioletową grzybnią na dole.
Miąższ: cienki, łykowaty, wodnisty, niezmienny; koloru kapelusza lub w jaśniejszym odcieniu; słaby zapach i łagodny smak.
Cechy charakterystyczne: jednolicie fioletowe ubarwienie (barwę tę szerokie i rzadkie blaszki zachowują nawet przy wyblakłych owocnikach), łagodny zapach i smak.
Łatwo pomylić z: grzybówka fioletowawa (trująca) – ma gęste, białe blaszki i zapach rzodkwi; strzępiak ziemistoblaszkowy odmiana fioletowa (śmiertelnie trujący) – ma jasnofioletowy kapelusz, nieprzyjemny spermiczny zapach.
Uwagi: łykowaty miąższ pozbawiony smaku sprawia, że w kontekście lakówki ametystowej można mówić głównie o walorach dekoracyjnych (barwi potrawy na fioletowo). Znikoma wartość kulinarna i niewielka (choć bardzo groźna w skutkach) możliwość pomyłki z powyższymi gatunkami prowadzi do wniosku, że początkujący grzybiarze powinni powstrzymać się od zbierania owocników tego gatunku.

Lakówka okazała

Laccaria proxima

Nazywana też: lakówka wyniosła.
Występowanie: rośnie gromadnie w wilgotnych i mszystych lasach iglastych i rzadziej liściastych; stosunkowo częsta.
Kapelusz: ∅ 2-8 cm, półkulisty do płaskiego; suchy; usłany drobnymi łuseczkami. Pomarańczowy, pomarańczowobrązowy, cielistobrązowy.
Pod kapeluszem: blaszki. **Odcisk kapelusza:** biały.
Trzon: walcowaty, twardy, włóknisty; pokryty wyraźnymi podłużnymi włókienkami lub pionowo spękany. Za młodu pełny, na starość pusty; w kolorze kapelusza, z ciemniejszą podstawą.
Miąższ: stosunkowo cienki i wodnisty, niezmienny, koloru kawy z mlekiem, o łagodnym smaku i lekko wyczuwalnym zapachu.
Cechy charakterystyczne: pomarańczowobrązowe owocniki, delikatny smak i zapach, kapelusz pokryty łuseczkami, długo podwinięty brzeg.
Łatwo pomylić z: lakówka pospolita.

Lejkowiec dęty

Craterellus cornucopioides

Nazywany też: lejek, cholewka, skórzak.
Występowanie: przeważnie grupami (często ze sobą zrośniętych, czasem pojedynczych) owocników w lasach liściastych (zwłaszcza bukowych), unika gleb piaszczyczystych i kwaśnych. Częsty, choć trudny do wypatrzenia – zlewa się z liściastą ściółką.
Owocnik: wysoki na 4-12 cm, w kształcie lejka lub trąbki, na całej wysokości pusty; brzeg pofałdowany.
Strona wewnętrzna: czarna, z czasem blednie do czarnobrązowawej, o łuseczkowatej powierzchni.
Strona zewnętrzna: szara do niebieskoszarej, powierzchnia gładka lecz pofałdowana, z wiekiem oprószona białawymi zarodnikami.
Miąższ: cienki i kruchy, szarobrązowy do czarniawego. Przyjemny aromatyczny zapach i łagodny smak.
Cechy charakterystyczne: gładki hymenofor (znajdujący się po stronie zewnętrznej owocnika), kształt jednolitej trąbki czarnej w środku i szarej na zewnątrz.
Uwagi: smaczny, aromatyczny również po wysuszeniu.

Lejkówka czerwonawa

Bonomyces sinopicus

Nazywana też: lejkówka cynobrowa.
Występowanie: w lasach iglastych, w miejscach trawiastych jak i na gołej ziemi, wśród krzaków i na poboczach dróg oraz wypaleniskach. Stosunkowo częsta.
Kapelusz: ∅ 2-10 cm, za młodu półkulisty, szybko staje się płaski i lejkowato wklęsły. Czerwonobrązowy, blednie z wiekiem; nie nasiąka wodą. Skórka gładka, matowa, czasem nieco aksamitna i drobno spękana. Brzeg w młodości lekko podwinięty, z czasem pofalowany.
Pod kapeluszem: blaszki. **Odcisk kapelusza:** biały.
Trzon: walcowaty, włóknisty; czerwonobrązowy, pokryty drobnymi białymi włókienkami a przy podstawie opleciony sznurami grzybni.
Miąższ: stosunkowo cienki; białawy do brązowawego; nieprzyjemnie mączny zapach i mączny smak.
Cechy charakterystyczne: owocniki o lejkowato pofalowanych gładkich kapeluszach, z miąższem o zapachu i smaku mąki, wyrastające w towarzystwie drzew iglastych.
Łatwo pomylić z: podobne lejkówki, rosnące w podobnych miejscach, to m.in.: łuseczkowata, modrzewiowa i niemiła – pierwsza ma kapelusz pokryty delikatnymi łuseczkami, dwie pozostałe nie pachną mąką. Łatwo o pomyłkę z niejadalnymi lejkówkami, nie zaleca się więc zbierania tego gatunku.

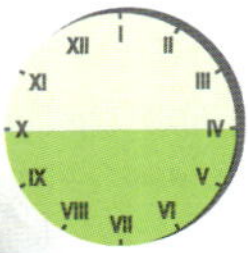

Lejkówka karbowana

Clitocybe costata

Występowanie: pod świerkami w lasach iglastych i mieszanych, głównie na południu Polski; stosunkowo częsta.
Kapelusz: ∅ 3 –10 cm, za młodu płaski i na środku wklęsły, z podwiniętym karbowanym brzegiem; z wiekiem lejkowaty, z gładkim pofalowanym brzegiem. Ochrowo-cielisty, brązowawy, ciemniejszy w centrum. Gładki, trochę aksamitny (zwłaszcza na środku).
Pod kapeluszem: grube blaszki. **Odcisk kapelusza:** biały.
Trzon: walcowaty; w młodości pełny, z czasem watowaty; koloru kapelusza lub jaśniejszy; podłużniewłókienkowato spękany. Podstawa obrośnięta białą, filcowatą grzybnią.
Miąższ: biały, elastyczny, miękki, stosunkowo cienki; o zapachu gorzkich migdałów i słabo wyczuwalnym smaku.
Cechy charakterystyczne: trzon w kolorze kapelusza, grube zbiegające blaszki, lejkowaty kapelusz z karbowanym lub pofalowanym brzegiem, zapach gorzkich migdałów.
Łatwo pomylić z: lejkówką żółtobrązową o cieńszych blaszkach i jaśniejszym trzonie.

Lejkówka zielonawa

Clitocybe odora

Nazywana też: lejkówka wonna, hanyżka, bedłka wonna, lejkorodek wonny.
Występowanie: niewielkimi grupkami wyrasta na glebach wapiennych w lasach liściastych (buk) i iglastych (świerk); pospolita.
Kapelusz: ∅ 3-8 cm, w młodości wypukły, z wiekiem rozpościera się do płaskiego a ostatecznie lejkowato wklęsłego z garbkiem na środku. Początkowo szaroniebieski, zielonkawy, z czasem blaknie do szarawego i białawego; na sucho bledszy, na mokro ciemniejszy. Gładki, za młodu oszroniony; brzeg podwinięty, na starość pofalowany.
Pod kapeluszem: blaszki. **Odcisk kapelusza:** biały.
Trzon: długo pełny, ostatecznie pusty; cylindryczny, stosunkowo krótki; u dołu: zwężony, gęsto pokryty białą grzybnią, niekiedy rozdęty; w jaśniejszym odcieniu koloru kapelusza; gładki.
Miąższ: zielonkawy, białawy; silna woń anyżu; przyjemny korzenny smak.
Cechy charakterystyczne: zielonkawo-niebieskawo-białawy owocnik o zapachu anyżu.
Łatwo pomylić z: lejkówka dusząca ma podobną woń, a kapelusz o zmiennym ubarwieniu lecz nigdy nie zielonkawy; częsta, trująca. Lejkówka liściowa nie pachnie anyżem, ma biały kapelusz; częsta, trująca.
Uwagi: silny zapach anyżu i niewielkie rozmiary zniechęcają do jej zbierania.

Lejkówka żółtobrązowa

Clitocybe gibba

Nazywana też: lejkówka lejkowata.
Występowanie: wyrasta grupami w lasach liściastych i iglastych, w parkach i zaroślach, na poboczach dróg, na łąkach; pospolita.
Kapelusz: ∅ 3-15 cm, początkowo łukowaty, potem płaski, ostatecznie lejkowaty, z niewielkim garbkiem na środku. Cielisty, piaskowy, z odcieniem ochrowym lub brązowym; z wiekiem blednie. Matowy, nieco zamszowy.
Brzeg tylko za młodu podwinięty, potem rozprostowany i pofalowany.
Pod kapeluszem: blaszki. **Odcisk kapelusza:** biały.
Trzon: początkowo pełny, z wiekiem pusty; elastyczny, smukły, walcowaty z rozszerzeniem ku dołowi; podstawa zwykle obrośnięta fragmentami grzybni i podłoża. Za młodu białawy, z czasem białożółty, ochrowobrązowy; aksamitny.
Miąższ: niezmienny; biały, białawy; łykowaty, elastyczny, miękki; w kapeluszu stosunkowo gruby, w trzonie watowaty; o migdałowo-korzennym zapachu i łagodnym smaku.
Cechy charakterystyczne: cielistopiaskowy lejkowaty owocnik ze zbiegającymi gęstymi blaszkami, o zapachu gorzkich migdałów.
Łatwo pomylić z: lejkówka karbowana, gąsówka rudawa.

Łopatnica żółtawa

Spathularia flavida

Występowanie: na zalegających na ziemi modrzewiowych igłach, przeważnie w grupach (nawet po kilkadziesiąt owocników), w lasach iglastych lub mieszanych, na obrzeżach lasów i polanach wśród mchów i traw. Rzadka za wyjątkiem południowej Polski (autor spotyka ją często w bieszczadzkich modrzewiowych zagajnikach).
Owocnik: wysokości 3-8 cm, kształtu łopatki, składający się z płodnej główki płynnie przechodzącej w trzon.
Główka: okrągława, wachlarzowata, mocno spłaszczona, pofałdowana; jaskrawożółtawa, żółtawa do zielonawożółtawej lub oliwkowobrązowej.
Trzon: spłaszczony, u dołu rozszerzony; gładki, białawy, kremowy do żółtawego; w większej części zagłębiony w podłożu.
Miąższ: galaretowaty, chrząstkowaty, białawy, o przyjemnym zapachu i smaku.
Cechy charakterystyczne: kształt płatka wystającego z ziemi; biały trzon zazwyczaj płynnie przechodzi w otaczającą go na szczycie, żółtą bocznie spłaszczoną główkę.

Łatwo pomylić z: mitróweczka błotna ma owocnik składający się z żółtopomarańczowej główki osadzonej na cienkim białym trzonie, rośnie w bardzo wilgotnych miejscach (bagna, torfowiska); w jej przypadku biały trzon wyraźnie kończy się w miejscu zetknięcia z żółtopomarańczową główką. Stosunkowo częsta, niejadalna.
Łopatnica Neesa – „albinoska siostra-bliźniaczka” łopatnicy żółtawej – w Polsce nie jest spotykana.
Uwagi: z uwagi na rzadkość występowania nie powinna być zbierana.

Łuskwiak zmienny

Kuehneromyces mutabilis

Nazywany też: łuszczak zmienny.
Występowanie: wyrasta w kępkach na martwym i żywym drewnie drzew liściastych i czasem iglastych; pospolity.
Kapelusz: ∅ 2-7 cm, półkulisty do płaskiego; przeważnie z tępym garbkiem. Piaskowożółty do rdzawobrunatnego; na mokro śliski z prążkowanym brzegiem, na sucho z jaśniejszym środkiem. Tylko za młodu usłany brązowawawymi łuseczkami.
Pod kapeluszem: blaszki. **Odcisk kapelusza:** rdzawobrązowy.
Trzon: pusty, cylindryczny, cienki; w kolorze kapelusza lecz jaśniejszy u góry i ciemniejszy u dołu; gładki lub delikatnie karbowany powyżej i usłany brunatnymi łuseczkami poniżej nietrwałego pierścienia.
Miąższ: niezmienny; w kapeluszu cienki, wodnisty i białawy; w trzonie twardy, łykowaty i brązowawy; o przyjemnym zapachu korzenno-drewnianym i łagodnym smaku.
Cechy charakterystyczne: brązowawe łuseczki szybko zanikają na gładkim kapeluszu, lecz dobrze widoczne są na trzonie.
Łatwo pomylić z: hełmówka jadowita ma zapach mączno-rzodkiewkowy, różnice w wyglądzie są bardzo subtelne, jest śmiertelnie trująca! Różni się przede wszystkim powierzchnią trzonu: u hełmówki jest on pokryty srebrzystymi podłużnymi włókienkami, u łuskwiaka zaś brązowymi łuseczkami.
Uwagi: smaczny, szczególnie do zupy. Zbiera się tylko kapelusze, gdyż trzony są łykowate. Ze względu na spore ryzyko pomyłki ze śmiertelnie trującą hełmówką jadowitą, gatunek ten powinien być zbierany jedynie przez doświadczonych grzybiarzy.

Łycznik późny

Panellus serotinus

Nazywany też: łyczak późny, bedłka późna, boczniak późny.
Występowanie: przeważnie gromadnie w dachówkowatych wiązkach, w różnych typach lasów, na żywym i martwym drewnie drzew głównie liściastych, w miejscach wilgotnych i cienistych (autor spotyka go na bukowych kłodach zalegających górskie potoki); stosunkowo częsty.
Kapelusz: ∅ 4-13 cm, grubomięsisty, w kształcie wachlarza lub muszli; za młodu wypukły, z wiekiem spłaszczony, łuskowaty; brzeg początkowo podwinięty, z czasem rozprostowany. Początkowo ciemnozielony (poniższe zdjęcie prezentuje właśnie tak ubarwione bardzo młode owocniki), z wiekiem żółtozielony, oliwkowozielony, zielonkawoszary do oliwkowobrązowego; przy trzonie owłosiony, dalej nagi; pod wpływem wilgoci mocno lepki; na sucho żelatynowaty, zamszowaty.
Pod kapeluszem: bardzo gęste blaszki. **Odcisk kapelusza:** białawy.
Trzon: osadzony bocznie pod kapeluszem, krótki, złotożółty do pomarańczowego, pokryty ciemniejszymi brązowawymi filcowatymi łuseczkami.
Miąższ: stosunkowo miękki, gąbczasty, pod skórką cienka galaretowata warstwa. Białawy, żółtawy, o łagodnie gorzkawym smaku i słabym grzybowym zapachu.
Cechy charakterystyczne: zielonkawy kapelusz, żółtawe gęste blaszki i żółtawy bocznie osadzony trzon z brązowawymi kosmkami.
Łatwo pomylić z: boczniak ostrygowaty.
Uwagi: powoduje białą zgniliznę drewna.

Maślaczek pieprzowy

Chalciporus piperatus

Nazywany też: borowik pieprzowy, maślak pieprzowy.
Występowanie: zazwyczaj pojedynczo, w lasach iglastych i mieszanych (świerk, sosna, buk, dąb, grab, brzoza); najczęściej w świerkowych lub sosnowych zagajnikach, ale również na śródleśnych łąkach i pod drzewami liściastymi. Stosunkowo częsty.
Kapelusz: ∅ 1,5-8 cm, wypukły do lekko spłaszczonego. Płowy, żółtobrązowy do winnoczerwonawego. Gładki, suchy i nieco błyszczący, na mokro trochę lepki i oślizgły.
Pod kapeluszem: rurki. **Odcisk kapelusza:** ochrowobrązowawy.
Trzon: pełny, łamliwy, równej grubości lub nieco cieńszy przy podstawie, czasem lekko wygięty. Powierzchnia gładka, koloru zbliżonego do kapelusza, przy podstawie zabarwiona jasnożółtą grzybnią.
Miąższ: w kapeluszu początkowo zwarty, z wiekiem nieco gąbczasty; białawy, cielisty, krwistoczerwony, winnoczerwony do brązowawego. W trzonie łykowaty; cytrynowożółty (przy podstawie intensywnie szafranowy lub chromowożółty). Na przekroju niezmienny lub nieznacznie brązowiejący. Zapach słaby, smak mocno piekący.
Cechy charakterystyczne: brak osłony, bardzo piekący miąższ, brązowoceglaste pory nieco ciemniejące pod naciskiem.
Łatwo pomylić z: maślaczek gorzkawy, maślaczek malinowy, maślaczek rubinowy.
Uwagi: z powodu pikantnego smaku używany chętnie w charakterze przyprawy (zwłaszcza w formie suszu). To jedyny powszechnie występujący w Polsce maślaczek spośród czterech znanych w Europie gatunków, wśród nich nie ma trujących.

Maślak dęty

Suillus cavipes

Nazywany też: borowiec dęty, borowiczak dęty, borowik pustotrzonowy.
Występowanie: pod modrzewiami na gliniastych wapiennych glebach, zazwyczaj rosnący gromadnie. Częstszy w górach niż na nizinach. Oprócz lasów modrzewiowych, rośnie też pod pojedynczymi, przydrożnymi modrzewiami w lasach lisciastych.
Kapelusz: ∅ 4-17 cm, półkolisty, lekko stożkowaty co płaskiego, rzadko wklęsły, z małą brodawką na środku. Kolor w odcieniach żółci i złota, do czerwieni i brązu. Matowy, suchy, z długimi filcowatymi kosmkami. Skórka trudno oddzielna. Brzeg ostry ze zwisającymi szczątkami osłony.
Pod kapeluszem: rurki. **Odcisk kapelusza:** oliwkowożółty.
Trzon: walcowaty, stosunkowo łamliwy, pusty o grubych ściankach, koloru kapelusza lub nieco jaśniejszy. Szarobiały nietrwały pierścień: powyżej drobna siateczka (zbiegające rurki), poniżej filcowaty.
Miąższ: elastyczny, niezmienny, w kapeluszu jasnożółty, w trzonie biały z odcieniem brązu. Przyjemny, słabo wyczuwalny zapach, łagodny smak.

Cechy charakterystyczne: osłona, duże nieregularne pory i pusty trzon, przez co trudny do pomylenia pomimo że kolor kapelusza jest bardzo zmienny.
Łatwo pomylić z: maślak trydencki.

Maślak pstry

Suillus variegatus

Nazywany też: bagniak, grzyb pstry, jakub, jakubek.
Występowanie: w wilgotnych, podmokłych lasach sosnowych (rzadziej w suchych), rzadziej spotykany w lasach mieszanych pod modrzewiami i jodłami. Przeważnie występuje na glebach kwaśnych, zwykle grupowo. Częsty.
Kapelusz: ∅ 5-17 cm, półkolisty do wypukłego; stosunkowo mięsisty. Szarożółty, złotobrązowy, z wiekiem płowiejący. Na całej powierzchni usłany nietrwałymi kosmkami (z wiekiem ciemniejącymi). Skórka niemal zawsze sucha, trudno oddzielna.
Pod kapeluszem: rurki. **Odcisk kapelusza:** oliwkowy gdy świeży, brązowawy gdy suchy.
Trzon: pełny, cylindryczny, gładki, czasami delikatnie zamszowy, barwy podobnej do kapelusza lub nieco jaśniejszy. Płowy, cytrynowopłowy, pomarańczowopłowy; w dolnej części pomarańczowobrązowy, niekiedy czerwonawy. Brak pierścienia.
Miąższ: kremowopłowy, czasem z odcieniem pomarańczowym; w kapeluszu miękki, w trzonie lekko włóknisty; lekko błękitnieje po przecięciu; łagodny smak, słabo kwaskowy zapach.
Cechy charakterystyczne: z powodu kosmków na kapeluszu (tworzących wrażenie, jakby był on posypany piaskiem) i pełnego trzonu, maślak pstry jest łatwy do oznaczenia.
Łatwo pomylić z: maślak sitarz, maślak limbowy, maślak dęty.
Uwagi: gatunek charakterystyczny dla wrzosowisk porośniętych sosnami.

Maślak sitarz

Suillus bovinus

Nazywany też: grzyb wolak, wolak, sitarz.
Występowanie: pod sosnami, w wilgotnych lasach iglastych i na wrzosowiskach, zwłaszcza na kwaśnych glebach. Częsty.
Kapelusz: ∅ 3-12 cm, mięsisty, bardzo elastyczny; wypukły do wklęsłego; często powyginany. Kolor skórzastożółtawy, pomarańczowobrązowy do czerwonawego. Jednobarwny, gładki, na mokro lepki, na sucho błyszczący. Brzeg ostry i cienki, jaśniejszy, z wiekiem pofalowany. Skórka oddzielna płatami.
Pod kapeluszem: nieregularne rurki. **Odcisk kapelusza:** żółtawobrązowy z oliwkowym odcieniem.
Trzon: pełny, cylindryczny, zazwyczaj krótki, często wygięty. Koloru kapelusza lub nieco bledszy; powierzchnia gładka, matowa, czasem delikatnie marmurkowata. Przy podstawie czerwonobrązowy (zwykle z różową grzybnią), u szczytu żółtawocielisty. Brak pierścienia.
Miąższ: bardzo elastyczny, trudny do łamania, stosunkowo łykowaty, lepki, bladożółtawy (w trzonie z jasnobrązowym odcieniem), miejscami nieznacznie błękitnieje. Łagodny (lekko gorzkawy) smak, słaby zapach.
Cechy charakterystyczne: brak osłony i pierścienia, miąższ lekko błękitniejący na przekroju; występuje gromadnie, w kępkach ze zrośniętymi kapeluszami lub trzonami.
Łatwo pomylić z: maślak pstry, maślak ziarnisty.
Uwagi: podczas gotowania zmienia barwę na bordowofioletową. Z powodu identycznych wymagań środowiskowych, często występuje w bezpośrednim sąsiedztwie klejówki różowej.

Mleczaj jodłowy

Lactarius salmonicolor

Nazywany też: mleczaj późnojesienny.
Występowanie: pojedynczo lub grupami, w lasach i na łąkowych obrzeżach lasów jodłowych na glebie wapiennej, wśród traw. Niezbyt częsty, spotykany głównie w górzystych rejonach południowej Polski.
Kapelusz: ∅ 5-15 cm, wypukły, masywny, z wklęśnięciem w centrum; barwy pomarańczowobrzoskwiniowej, z koncentrycznie rozmieszczonymi rudawopomarańczowymi pręgami. Podwinięty brzeg pokryty jest delikatnym białym nalotem, lecz z wiekiem staje się gładki. Suchy, pod wpływem wilgoci pokryty winnobrązowymi plamami.
Pod kapeluszem: blaszki. **Odcisk kapelusza:** jasnoochrowy.
Trzon: koloru kapelusza, łamliwy, cylindryczny, z delikatnym jasnobiałym nalotem. Gładki, lecz pokryty jamkami. Początkowo pełny, już w młodości staje się pusty.
Miąższ: stosunkowo gruby, w kremowym odcieniu barwy kapelusza, uszkodzony natychmiast pokrywa się schnącym pomarańczowym mleczkiem; słaby owocowy zapach.
Cechy charakterystyczne: obficie wydzielane w miejscu skaleczeń pomarańczowe mleczko, które po 1-2 godzinach przebarwia się na kolor winnoczerwony do pomarańczowobrązowego, w smaku nieco gorzkawe. Brak zielonych przebarwień. Trzon pokryty jest jamkami, kapelusz nie ma odcieni zielonkawych.
Łatwo pomylić z: mleczaj świerkowy, mleczaj rydz.
Uwagi: w smaku wyczuwalna jest lekka goryczka, która jednak nie zmniejsza jego walorów kulinarnych.

Mleczaj pomarańczowy

Lactarius aurantiacus

Występowanie: w wilgotnych lasach przeważnie liściastych (bukowych i dębowo-grabowych).
Kapelusz: ∅ 2,5-6 cm, za młodu płaski, z wiekiem wypukły do nieco wklęsłego, czasami z niewyraźnym garbkiem na środku. Kolor jednolity, rudawoczerwony z domieszką pomarańczowego, przy brzegu nieznacznie jaśniejszy, podczas suszy zyskuje odcień ochrowy a w środkowej części brązowy. Powierzchnia gładka, sucha, lecz pod wpływem wilgoci bardzo śliska. Brzeg długo podwinięty.
Pod kapeluszem: blaszki. **Odcisk kapelusza:** kremowy.
Trzon: pusty, z wiekiem częściowo komorowaty. Nieznacznie jaśniejszy odcień barwy kapelusza, czasem z wąskim pomarańczoworudym paseczkiem poniżej blaszek, u dołu zwężony.
Miąższ: jasny, bladożółtawy w tonacji kapelusza, wydziela stosunkowo obficie białe gorzkie piekące mleczko. Słaby zapach, w przesuszonych owocnikach trochę przypominający pluskwiaki.
Cechy charakterystyczne: małe rozmiary, pusty trzon, jednolicie pomarańczowoczerwonawe ubarwienie i białe gorzkie piekące mleczko.

Łatwo pomylić z: podobnymi niejadalnymi gatunkami rosnącymi w lasach liściastych (mają smak gorzki do ostrego).

Mleczaj rydz

Lactarius deliciosus

Nazywany też: rydz, rydz prawdziwy, rycek.
Występowanie: na obrzeżach lasów sosnowych i w sosnowych zagajnikach, w miejscach trawiastych, na leśnych polanach, na lekkich glebach piaszczystych. W Polsce miejscami częsty, lecz coraz rzadszy.
Kapelusz: ∅ 1-15 cm, na środku nieco wklęsły; brzeg mocno podwinięty, z wiekiem rozpostarty. Pomarańczowoczerwony, na starość miejscami zielonkawy. Suchy z białawym nalotem, na mokro nieco śliski. Koncentrycznie usłany ciemnymi poprzerywanymi kręgami.
Pod kapeluszem: blaszki. **Odcisk kapelusza:** jasnoochrowy.
Trzon: w jaśniejszym odcieniu niż kapelusz, nieznacznie sinawo oszroniony, gładki, pokryty zazwyczaj płytkimi pomarańczowymi jamkami. Łamliwy, w młodości pełny, szybko staje się pusty, rurowaty.
Miąższ: stosunkowo gruby, kruchy, w kremowym odcieniu. Smak łagodny, po dłuższym czasie lekko pikantny. Zapach przyjemny, owocowy.
Cechy charakterystyczne: pod wpływem uszkodzenia wydziela mleczko o niezmiennej pomarańczowej barwie, które po pewnym czasie nieznacznie jaśnieje lub rudzieje, o smaku początkowo łagodnym a po dłuższej degustacji nieco pikantnym.
Łatwo pomylić z: podobny mleczaj świerkowy występuje pod świerkami a mleczaj jodłowy – pod jodłami. Ich mleczko również jest pomarańczowe, lecz z czasem przebarwia się na kolor winnoczerwony; oba gatunki występują często i również są jadalne.
Uwagi: po spożyciu barwi mocz na czerwono.

Mleczaj smaczny

Lactarius volemus

Nazywany też: surojadka, krówka, rydz czerwony, rydz smaczny, mleczaj krówka, mlecz, mleczak.
Występowanie: w lasach liściastych (pod bukami i dębami) oraz iglastych (pod sosnami i świerkami), na glebach wapiennych i gliniastych. Stosunkowo częsty.
Kapelusz: ∅ 5-15 cm, masywny; wypukły do rozpostartego, płytko wklęsły. Niemal jednolicie rudopomarańczowy. Matowy, z wiekiem gładki w centralnej części lub pomarszczony do jamkowatego. Brzeg podwinięty, z wiekiem podgięty i rozprostowany, gładki.
Pod kapeluszem: blaszki. **Odcisk kapelusza:** biały do jasnokremowego.
Trzon: zazwyczaj równej grubości, czasem pękaty a u szczytu podłużnie prążkowany. Pomarańczoworudawy, barwy kapelusza (przeważnie jaśniejszy), suchy, gładki.
Miąższ: jędrny, białawy, z wiekiem brązowawy, o łagodnym smaku. Mocny zapach u starych okazów przypomina woń śledzi lub raków. Obficie wydziela gęste białe mleczko, lepkie, łagodne lecz pozostawiające nieco gorzkawo-żywiczny posmak, brązowawe po zastygnięciu.

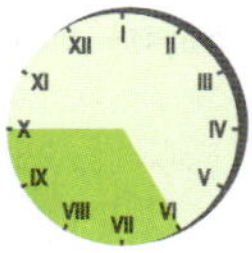

Cechy charakterystyczne: jednolicie zabarwiony rudopomarańczowy kapelusz bez pręg czy garbka, pełny trzon, ale przede wszystkim obficie wydzielane białe mleczko o łagodnym smaku.
Łatwo pomylić z: podobne niejadalne mleczaje mają gorzkie lub piekące mleczko.
Uwagi: nie robaczywieje; rośnie nawet podczas suszy, ale charakterystyczna woń trójmetyloaminy (zapach śledzi), wyczuwalna (choć ulatniająca się) podczas obróbki termicznej sprawia, że jego walory kulinarne są dyskusyjne.

Mleczaj świerkowy

Lactarius deterrimus

Nazywany też: mleczaj zmienny.
Występowanie: w świerkowych lasach i młodnikach oraz w lasach mieszanych pod świerkami, wśród traw lub mchów, w miejscach wilgotnych i cienistych; występuje na terenie całej Polski, lecz spotykany jest coraz rzadziej.
Kapelusz: ∅ 4-12 cm, początkowo wypukły, z wiekiem wklęsły do nieco lejkowatego. Jasnopomarańczowy lub brudnoochrowy, miejscami zielonkawy. Pokryty centralnie rozmieszczonymi wąskimi pręgami. Powierzchnia gładka, wilgotna. Brzeg cienki, za młodu podwinięty, lecz szybko się rozprostowujący.
Pod kapeluszem: blaszki. **Odcisk kapelusza:** jasnoochrowy.
Trzon: barwy nieco jaśniejszej od kapelusza, łamliwy, cylindryczny, z delikatnym białawym nalotem, gładki; w młodości pełny lecz szybko staje się pusty.
Miąższ: jędrny, kruchy, kremowej barwy, tuż pod skórką kapelusza czasem szaroniebieskawy; po skaleczeniu szybko nabiega pomarańczowym mleczkiem. Smak młodych owocników ostry, starych łagodny. Przyjemny owocowy zapach.
Cechy charakterystyczne: w miejscu skaleczeń wydziela stosunkowo obficie pomarańczowe mleczko początkowo niezmienne, które po kwadransie stopniowo czerwienieje po czym zielenieje, a na drugi dzień fioletowieje. Trzon nie ma jamek, kapelusz miejscami bywa zielonkawy.
Łatwo pomylić z: mleczaj rydz, mleczaj świerkowy
Uwagi: najpopularniejszy z „rydzowatych" mleczajów.

Muchomor czerwieniejący

Amanita rubescens

Nazywany też: różowka, muchomor czerwonawy, muchomór krostowaty, muchomór cętkowany.
Występowanie: w lasach iglastych, liściastych i na łąkach; pospolity (nawet podczas suszy).
Kapelusz: ∅ 5-15 (rzadko 25) cm, początkowo półkulisty, z czasem wypukły do wklęsłego. Jasnobrązowy, ochrowobrązowy, przeważnie z nutą czerwieni i z czerwonobrązowymi plamami (zwłaszcza u starszych owocników). Powierzchnia gładka i sucha, nieznacznie lepka, koncentrycznie pokryta stosunkowo drobnymi brązoworóżowymi łatkami. Brzeg gładki.
Pod kapeluszem: blaszki. **Odcisk kapelusza:** biały.
Trzon: za młodu pełny, z wiekiem watowaty; u szczytu zwężony, u podstawy bulwiasto zgrubiały (czasem z rzędami drobnych brodawek). Początkowo biały, z czasem rdzawoczerwonawy a u podstawy wyraźnie brązowoczerwonawy. Powierzchnia pokryta drobnymi kosmkami. Na górze duży mocny pierścień – białawy, żółtawy lub różowawy – z prążkowaną górną powierzchnią.

Miąższ: kruchy, stosunkowo gruby, biały, na przekroju czerwienieje. Zapach ledwo wyczuwalny, smak łagodny.
Łatwo pomylić z: muchomor plamisty jest podobnie ubarwiony, lecz ma niezmienny miąższ, górna powierzchnia jego pierścienia jest gładka, a brzeg kapelusza prążkowany; niezbyt częsty, trujący.
Uwagi: wśród muchomorów wiele jest gatunków jadalnych, ale też wiele trujących, w tym śmiertelnie – dlatego też osoby chcące zbierać ten gatunek powinny najpierw solidnie zaznajomić się w naturze również z podobnymi gatunkami, bo pomyłka może kosztować życie. Sztuka rozpoznawania muchomora czerwieniejącego jest jednak do opanowania – o czym świadczy choćby fakt, że jest to gatunek powszechnie zbierany m.in. w Czechach.

Muchomor rdzawobrązowy

Amanita fulva

Nazywany też: panienka, czubka, czubajka, parasolka.
Występowanie: w różnego typu mszystych lasach pod sosnami, świerkami, dębami, bukami i brzozami, a także na wrzosowiskach. Pospolity w całej Polsce.
Kapelusz: ∅ 3-11 cm, za młodu stożkowaty lub dzwonkowaty, z wiekiem wypukły do płasko rozpostartego. Gładki, nagi – bez łatek a jedynie czasami z nielicznymi kawałkami osłony; na mokro błyszczący i lepki. Brązowy, czasem z domieszką pomarańczowego a na starość czerwonego; z jaśniejszym prążkowanym brzegiem i niskim garbkiem na środku.
Pod kapeluszem: blaszki. **Odcisk kapelusza:** biały.
Trzon: za młodu pełny, z wiekiem wydrążony. Walcowaty a ku szczytowi węższy, stosunkowo smukły, długi. Biały lub z nieznacznym odcieniem kapelusza; przeważnie usiany drobnymi przylegającymi łuseczkami; przy podstawie wyraźna biała pochwa pokryta plamami koloru kapelusza. Brak pierścienia.
Miąższ: w kapeluszu cienki, kruchy, wodnisty; zapach słaby, smak łagodny.
Cechy charakterystyczne: brązowy kapelusz bez łatek i z jaśniejszym prążkowanym brzegiem; białe wolne blaszki; biały trzon bez pierścienia ani bulwiastej podstawy; plamista pochwa.
Łatwo pomylić z: inne jadalne muchomory bez pierścienia i bulwiastej podstawy trzonu: szarawy, żółtawy, oliwkowy, brązowooliwkowy.

Muchomor szarawy

Amanita vaginata

Nazywany też: muchomor mglejarka, mglejarka, mglejara, maglejan.
Występowanie: w lasach iglastych i liściastych oraz na ich obrzeżach; pospolity.
Kapelusz: ∅ 3-12 cm, za młodu wypukły, dzwonkowaty, z wiekiem płasko rozpostarty; brzeg wyraźnie prążkowany; niewielki garbek. Popielaty, szarobrązowy, gładki, pod wpływem wilgoci lepki. Nagi, czasem z dużymi łuskami (resztki osłony).
Pod kapeluszem: blaszki. **Odcisk kapelusza:** biały.
Trzon: pusty, smukły, cylindryczny, kruchy, u góry węższy. Biały lub szary, nagi lub słabo zygzakowaty za sprawą białawych łuseczek. Osadzony w białej wolnej pochwie, która z czasem pokrywa się ochrowobrązowymi lub szarymi plamami.
Miąższ: niezmienny, biały; za młodu zwarty, z czasem delikatny i kruchy; bezwonny, o łagodnie słodkawym smaku.
Cechy charakterystyczne: brak pierścienia i bulwiastej podstawy przeważnie gładkiego trzonu; kapelusz popielaty bez łusek, z garbkiem i karbowanym brzegiem; pochwa z wiekiem szarobrązowo plamista.
Łatwo pomylić z:
muchomor rdzawobrązowy,
muchomor żółtawy,
muchomor oliwkowy,
muchomor brązowooliwkowy.

Muchomor twardawy

Amanita excelsa

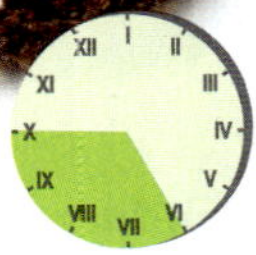

Nazywany też: bedłka silna, bedłka twardawa.
Występowanie: w lasach iglastych (zwłaszcza świerkowych), rzadziej liściastych (głównie dębowych), czasami pod sosnami; preferuje gleby wapienne; pospolity.
Kapelusz: ∅ 5-15 cm, za młodu półkulisty, z wiekiem rozpostarty do płaskiego. Szary, szarooliwkowy do szarobrązowego. Początkowo całkowicie pokryty jasnoszarą osłoną, która wkrótce pęka w koncentrycznie rozmieszczone nietrwałe łatki. Brzeg podwinięty, gładki (czasami bardzo słabo prążkowany).
Pod kapeluszem: blaszki. **Odcisk kapelusza:** biały.
Trzon: cylindryczny; ku dołowi węższy, przy kapeluszu prążkowany; białawy; nietrwały pierścień odgórnie prążkowany; podstawa bez pochwy, rozszerzona w korzeniasto zakończoną bulwę z ciemniejszymi zgrubieniami u góry.
Miąższ: niezmienny, twardy, kruchy; w środku kapelusza gruby, przy brzegu cienki; biały do szarawego; o warzywnym (rzodkiew, buraki lub surowe ziemniaki) albo owocowym zapachu oraz łagodnym smaku.
Cechy charakterystyczne: bulwiasta podstawa trzonu bez pochwy, nieprążkowany brzeg kapelusza i prążkowana górna powierzchnia pierścienia, niezmienny miąższ.
Łatwo pomylić z: bardzo niebezpieczna może okazać się pomyłka z – na pierwszy rzut oka identycznym – śmiertelnie trującym muchomorem plamistym, który posiada jednak gładką górną powierzchnię pierścienia, zaokrągloną od dołu bulwiastą podstawę trzonu osadzoną w pochwie, a brzeg kapelusza (za wyjątkiem jego górskiej odmiany, rosnącej pod świerkami) jest wyraźnie prążkowany.

Muchomor żółtawy

Amanita crocea

Nazywany też: muchomor żółty.
Występowanie: wyrasta w lasach i na obrzeżach lasów liściastych, w miejscach trawiastych i ciepłych, na mineralnych glebach, zwłaszcza w towarzystwie brzóz, dębów lub świerków; rzadki i coraz rzadziej spotykany.
Kapelusz: ∅ 5-15 cm, za młodu półkulisty, jajowaty, potem dzwonkowaty, wypukły do płasko rozpostartego; z garbkiem. Pod wpływem wilgoci lepki, na sucho gładki, lśniący, aksamitny; przeważnie nagi lub rzadziej z nielicznymi dużymi łuskami (resztki osłony). Żywo pomarańczowy, pomarańczowożółtawy, morelowy do pomarańczowobrązowawego; brzeg jaśniejszy i daleko prążkowany.
Pod kapeluszem: szerokie blaszki. **Odcisk kapelusza:** biały.

Trzon: pusty, walcowaty a w górze nieznacznie zwężony; biały z układającymi się w zygzakowaty wzorek żółtopomarańczowymi łuseczkami; osadzony w trwałej pochwie białej na zewnątrz i żółtej lub białej wewnątrz.
Miąższ: w kapeluszu cienki, biały, pod skórką pomarańczowożółty. Bezwonny, o niekreślonym łagodnym smaku.
Cechy charakterystyczne: żółtopomarańczowy kapelusz z karbowanym brzegiem i bez łusek, biały trzon z żółtopomarańczowym zygzakowatym wzorem; brak bulwiastej podstawy trzonu i pierścienia.
Łatwo pomylić z: muchomor rdzawobrązowy, muchomor szarawy, muchomor oliwkowy, muchomor brązowooliwkowy.
Uwagi: Jadalny, lecz bez większej wartości – cienki miąższ pozbawiony aromatu.

Ozorek dębowy

Fistulina hepatica

Nazywany też: ozorkowiec dębowy, ozorek wątrobowy.
Występowanie: pasożytuje na żywym lub martwym drewnie dębów i kasztana jadalnego, zazwyczaj wyrastając w dolnej części pnia.
Kapelusz: ∅ 6-25 cm, guzowaty do półkolistego, miękki do twardego. Skórka galaretowata, nieznacznie promienisto pręgowana i drobno brodawkowana, szorstka, naga i nieco lepka; jasnoróżowa do koloru wątroby. Brzeg tępy.
Pod kapeluszem: rurki.
Odcisk kapelusza: białawy, bladoochrowy, ciemniejący.
Trzon: boczny, bardzo krótki lub w ogóle niewykształcony.
Miąższ: bardzo soczysty, cielistoczerwony z marmurkowatym deseniem jaśniejszego, promienistego żyłkowania; z czasem staje się włóknisty i sztywny. Wydziela czerwony płyn po przecięciu owocnika lub jego zgnieceniu. W młodości ma przyjemny, owocowy zapach i kwaskowaty smak.
Cechy charakterystyczne: na przekroju przypomina płat wątroby; owocnik i sok mają kolor czerwony. Wyrasta pojedynczo lub jest złożony z kilku kapeluszy zrośniętych nasadami; przyrasta bokiem do drewna. Jest to jedyny gatunek ozorka, występujący w Polsce, co w połączeniu z bardzo charakterystycznym wyglądem praktycznie uniemożliwia pomylenie tego gatunku.
Uwagi: powoduje brunatną zgniliznę drewna, powoli się rozwijając i stopniowo rozkładając drewno. Ta niszczycielska działalność ma jednak swą ekonomoczną zaletę, bowiem drewno dębowe w początkowym stadium rozkładu za sprawą ozorka dębowego zyskuje nieco ciemniejszą barwę i staje się łatwiej podatne na obróbkę – jest więc wyżej cenione w przemyśle stolarskim od drewna zdrowego.

Piaskowiec modrzak

Gyroporus cyanescens

Nazywany też: borowik polny, granatek, grzyb piaskowy, grzyb siny.
Występowanie: w widnych fragmentach lasów mieszanych na glebach piaszczystych, pod dębami, brzozami, sosnami, miejscami stosunkowo częsty a miejscami rzadki.
Kapelusz: ∅ 3-15 cm, jędrny, łamliwy; półkolisty do nieco spłaszczonego. Matowy, szorstki, drobnno włókienkowaty; jasnokremowy, żółtawy, ochrowy; błękitnieje pod naciskiem. Brzeg długo podwinięty ze słabo wystającymi rurkami.
Pod kapeluszem: rurki. **Odcisk kapelusza:** białokremowy lub jasnoochrowy.
Trzon: walcowaty, grubszy przy podstawie; podzielony poprzecznie na łączące się ze sobą komory. W górze małe zgrubienie: powyżej biały i gładki, poniżej barwy kapelusza, delikatnie otrębiasty. Błękitnieje pod naciskiem.
Miąższ: ścisły, jędrny, kruchy, biały lub jasnokremowy, na przekroju natychmiast błękitnieje. Słaby zapach, przyjemny smak.
Cechy charakterystyczne: jednolicie jasnosłomkowe ubarwienie kapelusza, porów i trzonu oraz miąższ przebarwiający się na atramentowoniebiesko i komorowaty trzon. Nieznacznie podobne (pokrojem) są niektóre jadalne borowiki, jednak wymienione cechy wyraźnie wyróżniają ten gatunek.

Pieprznik blady

Cantharellus ferruginascens

Występowanie: pojedyncze owocniki wyrastają głównie w lasach liściastych, pod bukami i dębami; rzadki.

Kapelusz: ∅ 1-12 cm, w młodości słabo wypukły, z wiekiem płaski do nieco zagłębionego; brzeg podwinięty. Biały, białawy, bladoochrowy do bladożółtawego.

Pod kapeluszem: listewki masywne, zbiegające, koloru kapelusza.

Odcisk kapelusza: kremowy, kremowożółtawy.

Trzon: masywny, równej grubości lub rozszerzający się ku podstawie; biały do bladożółtawego.

Miąższ: w kapeluszu zbity i kruchy, w trzonie włóknisty. Biały do bladożółtego. Przyjemny zapach, łagodny smak.

Cechy charakterystyczne: białe ubarwienie, masywny trzon, gruby miąższ w kapeluszu.

Łatwo pomylić z: bardzo podobny do pieprznika jadalnego, wyróżniający się od niego bladym, białym lub białawym ubarwieniem we wszystkich częściach owocnika oraz masywniejszym trzonem i miąższem kapelusza.

Pieprznik jadalny

Cantharellus cibarius

Nazywany też: kurka, kurek, kurka żółta, kurze nogi, lisiec, lisica.

Występowanie: grupami we wszelkiego typu lasach, na glebach piaszczystych i kwaśnych; pospolity.

Kapelusz: ∅ 1-15 cm, za młodu guzkowaty, z wiekiem wypukły zachowując brzeg podwinięty; na starość rozpostarty do lejkowatego. Bladożółty do żółtopomarańczowego. Powierzchnia matowa i gładka. Brzeg z czasem staje się pofalowany.

Pod kapeluszem: listewki grube, z nieregularnymi rozgałęzieniami i poprzecznymi łącznikami (cecha uwidaczniająca się z wiekiem), mocno zbiegające; koloru kapelusza.

Odcisk kapelusza: białawy, żółtawy, jasnoochrowy.

Trzon: pełny, twardy, w kolorze kapelusza lub nieco jaśniejszy, przy podstawie zwężony i nieznacznie pokryty białą grzybnią, ku górze rozszerzający się i płynnie przechodzący w kapelusz; często wygięty.

Miąższ: w kapeluszu zbity i kruchy, w trzonie włóknisty. Biały do bladożółtego. Przyjemny zapach owocowo-korzenny z pieprzną nutą, łagodny smak kwaskowo-pikantny.

Cechy charakterystyczne: jednolicie bladożółty owocnik w charakterystycznym lejkowatym kształcie i z daleko zbiegającymi listewkami.

Łatwo pomylić z: pieprznik ametystowy, pieprznik blady, pieprznik pomarańczowy (jadalne). Lisówka pomarańczowa (lekko trująca) ma wyraźniej jaskrawopomarańczowe ubarwienie i bardzo gęste, cienkie blaszki; rośnie w lasach iglastych i mieszanych; pospolita. W Polsce nie występuje podobny kielichowiec pomarańczowy (trujący), rosnący na pniach drzew liściastych w cieplejszych rejonach Europy.

Uwagi: robaczywy bywa przeważnie dopiero na starość.

Pieprznik pomarańczowy
Cantharellus friesii

Występowanie: pojedynczo pod bukami, głównie na południu Polski; rzadki.
Kapelusz: ∅ 2-5 cm, delikatny, za młodu wypukły, z wiekiem spłaszczony do lejkowatego. Ubarwiony na żywo pomarańczowo, pomarańczowoczerwonawo do pomarańczowożółtawego. Powierzchnia gładka lub nieco aksamitna. Brzeg z wiekiem faluje i blednie.
Pod kapeluszem: szerokie listewki. **Odcisk kapelusza:** biały.
Trzon: krótki, cylindryczny, stosunkowo cienki; za młodu pełny, z wiekiem pusty; powierzchnia gładka do nieco filcowatej.
Miąższ: w kapeluszu cienki i delikatny, białawy do bladożółtego; zapach owocowy, smak lekko pikantny.
Cechy charakterystyczne: pomarańczowe ubarwienie i delikatna lejkowata budowa, listewki jaśniejsze i daleko zbiegające.
Łatwo pomylić z: pieprznik jadalny. Lisówka pomarańczowa ma gęste, cienkie blaszki, również pomarańczowe ubarwienie lecz mniej wodnistą konsystencję niż pieprznik pomarańczowy; pospolita, lekko trująca.

Pieprznik szary
Cantharellus cinereus

Występowanie: przeważnie gromadnie, w ciepłych fragmentach lasów mieszanych (głównie bukowych), wśród mchów i opadłych liści. Rzadki.
Kapelusz: ∅ 2-5 cm, już w młodości zagłębiony; szarobrązowy do czarniawego; brzeg podwinięty, z czasem silnie pofałdowany i perforowany, jaśniejszy, żółtobrązowy. Powierzchnia promieniście pomarszczona, usiana drobnymi kosmkami.
Pod kapeluszem: szaropopielate żyłki. **Odcisk kapelusza:** kremowy, biały.
Trzon: równej grubości, pusty, bocznie spłaszczony, płynnie przechodzący w kapelusz (co działa też w drugą stronę – żyłkowany hymenofor płynnie przechodzi w trzon, czasem zbiegając do samej jego podstawy); za młodu brązowy, koloru kapelusza lub w jaśniejszym odcieniu, z wiekiem ciemnieje; przy podstawie biały nalot.
Miąższ: giętki, cienki, szarobrązowy, o słabym owocowym (czasem nieprzyjemnym) zapachu i delikatnym smaku.
Cechy charakterystyczne: szaropopielate ubarwienie, listewki daleko zbiegające.
Łatwo pomylić z: lejkowiec dęty, lejkowniczak pełnotrzonowy, pieprznik trąbkowy.

Płachetka zwyczajna

Cortinarius caperatus

Nazywana też: płachetka kołpakowata, turek, niemka.
Występowanie: rośnie przeważnie w grupach na glebach kwaśnych w lasach iglastych, mieszanych i rzadziej liściastych; często wśród borówek i wrzosów; w Polsce nierównomiernie rozmieszczona – miejscami pospolita, miejscami rzadka.
Kapelusz: ∅ 5-12 cm, kulisty do płaskiego, z garbkiem. Białawożółtawy z fioletowawym nalotem do żółtawobrązowawego; matowy, oprószony białosrebrzystymi nietrwałymi łuseczkami. Brzeg u młodych owocników pokryty zwisającymi resztkami osłony, na starość spękany.
Pod kapeluszem: blaszki. **Odcisk kapelusza:** rdzawobrązowy.
Trzon: pełny, cylindryczny, mocny; białawy do brudnobiaławego; powierzchnia powyżej pierścienia (przeważnie prążkowanego, postrzępionego) pokryta nalotem a poniżej jedwabista, lekko włóknista, wzdłużnie prążkowana.
Miąższ: na przekroju marmurkowaty; białawy do brązowawego, pod skórką kapelusza żółtawoczerwonawy, a w górnej części trzonu czasami bladoliliowy; przyjemny zapach i smak.
Cechy charakterystyczne: błoniasty, skórzasty pierścień na trzonie, odróżniający ją od trujących zasłonaków.
Uwaga: chłonie kadm, więc nie powinna być spożywana w przesadnych ilościach.

Płomiennica zimowa

Flammulina velutipes

Nazywana też: zimówka aksamitnotrzonowa, opieńka aksamitnotrzonowa, kółkorodek aksamitnotrzonowy.
Występowanie: wyrasta wiązkami na drewnie drzew liściastych (olsza, topola, wierzba, wiąz, czasem dąb), bardzo rzadko na drewnie świerka. Rośnie przez zimę w bezmroźnych okresach, przeczekując mrozy i kontynuując wzrost po ich ustąpieniu. Pospolita.
Kapelusz: ∅ 1-12 cm, półkulisty, spłaszczony, na starość powyginany. Żółtopomarańczowy, żółtoczerwony do żółtobrązowego; na środku ciemniejszy. Gładki, nagi; na mokro śluzowaty i błyszczący z prześwitującymi blaszkami.
Pod kapeluszem: blaszki. **Odcisk kapelusza:** biały, kremowobiały, jasnożółtawy.
Trzon: pełny do pustego; bez pierścienia; walcowaty, smukły; brązowawy, na górze żółtawy, na dole ciemniejszy a czasem cały czarny. Nieco aksamitny, jedynie na szczycie nagi i lepki. Trzony owocników rosnących w wiązkach są często ze sobą pozrastane i wspólnie korzeniasto wrośnięte w podłoże.

Miąższ: niezmienny; w kapeluszu elastyczny, w trzonie chrząstkowy; białawy, kremowy do żółtawego, o przyjemnym słabym zapachu i łagodnym smaku.
Cechy charakterystyczne: jasny wysyp zarodników, owocowanie zimą, gładki kapelusz w kolorze miodu, aksamitna czarna powierzchnia trzonu bez pierścienia, łagodny smak.
Łatwo pomylić z: łysiczka trująca rosnąca od wiosny do zimy – ma ona bardzo gorzki smak i ciemny wysyp zarodników; pospolita, trująca. Jeszcze groźniejsza może być pomyłka ze śmiertelnie trującą, częstą hełmówką jadowitą, która rośnie od lata do jesieni i ma wyraźny biały pierścień często oprószony brązowymi zarodnikami.

Pochwiak jedwabnikowy
Volvariella bombycina

Nazywany też: bedłka jedwabista, pochwiak jedwabisty, bedłka jedwabnikowa.
Występowanie: na starych drzewach liściastych (wierzba, topola, klon, dąb, lipa, brzoza), na wysokości nawet kilku metrów, w pęknięciach pni lub w wilgotnych dziuplach, ale także na wyrobach z drewna, również w budynkach, na trocinach i drewnie budowlanym.
Kapelusz: ∅ 5-20 cm, mięsisty; jajowaty do wypukłego, czasem z garbkiem; biały, kremowy, na szczycie czasem żółtobrązowawy. Koronkowato usłany delikatnymi włókienkami (kremowymi lub jasnobrązowymi); gładki w dotyku.
Pod kapeluszem: blaszki. **Odcisk kapelusza:** różowy z brązowawym odcieniem.
Trzon: cylindryczny, biały, niemal gładki lub drobno i delikatnie bruzdkowany. Pochwa wąska i wysoka, workowata, luźna, długa, plamista, twarda; biała, kremowa lub jasnoochrowa do ciemnobrązowej; matowa.
Miąższ: średnio gruby, miękki, delikatny, biały. Smak przyjemny, zapach rzodkwi.
Cechy charakterystyczne: owocnik sporych rozmiarów rośnie na drewnie, ma pełny trzon wyrastający z wysokiej pochwy, różowawe blaszki i kosmkowaty kapelusz.
Łatwo pomylić z: pochwiak drobny, pochwiak błękitnawy, pochwiak okazały, pochwiak grzybolubny (wszystkie niejadalne).

Purchawka łatkowata
Lycoperdon mammiforme

Występowanie: w ciepłych lasach liściastych (głównie dębowo-grabowych) lub na ich obrzeżach.
Owocnik: ∅ 3-6 cm, w kształcie odwróconego jaja lub gruszki.
Zewnętrzna ściana: na powierzchni zewnętrznej warstwy powstaje rodzaj białej, pilśniowatej osłony, która na dojrzewającym owocniku rozrywa się na małe płaty, odpadające dopiero na starość. Odkryte kolce i brodawki, początkowo jasnokremowe, z wiekiem stają się brązowe; są gęsto położone, pojedynczo lub po kilka, w gwiazdkowatych skupieniach. Wewnętrzna warstwa brudnawobrązowawa, gładka, nieco połyskliwa, o strukturze miękkiego papieru; na szczycie powstaje koliste ujście.
Wnętrze: u dołu płonne; komory średnie i duże; początkowo białe, z czasem żółtooliwkowe do ciemnobrązowego, płynnie przechodzące w górną część płodną tak samo zabarwioną, z niewielką płonną słupowatą strukturą w środkowej części owocnika.
Trzon: stosunkowo wyraźny, zwężający się ku dołowi, płynnie przechodzący w główkę.
Cechy charakterystyczne: wyraźne kłaczkowate płaty, przez długi czas pokrywające główkę owocnika.
Łatwo pomylić z: purchawką miękką, jak i z innymi gatunkami purchawek, lecz dopiero „wyłysieniu" z reszek osłony, co ma miejsce w okresie późnej starości. Purchawka chropowata ma kolce a nie łatki.
Uwagi: jak wszystkie purchawki, jest jadalna za młodu.

Purchawka oczkowata

Bovistella utriformis

Nazywana też: czasznica oczkowata.

Występowanie: na otwartych trawiastych przestrzeniach (leśne polany, łąki pastwiska); pospolita.

Owocnik: ∅ do 15 cm, masywny, duży, krótko maczugowaty, rzadziej kulistawo--bulwowaty; od góry nieznacznie spłaszczony; pomarszczony lub płytko dołkowany, u dołu zwężony i zgrubiały w krótką podstawę.

Zewnętrzna ściana: dwuwarstwowa. Zewnętrzna warstwa w młodości biała, pilśnowata, z wiekiem szarobrązowawa. Pęka na wielokątne poletka lub piramidki, tworzące się z miękkich kolców złączonych ze sobą, które wraz z dojrzewaniem owocnika łuszczą się i razem z oczkowatymi poletkami odpadają, odsłaniając wewnętrzną warstwę, która jest szarobrązowa, oliwkowobrązowa do brązowej, konsystencji papieru, matowa lub nieco połyskująca. Od szczytu pęka na nieregularne spore fragmenty i całkowicie lub częściowo odpada.

Wnętrze: dolna część płonna, dobrze rozwinięta, sztywna, z dużymi komorami; za młodu biała, z wiekiem szarobrązowa do całkiem brązowej; względnie trwała – czasem przetrzymuje zimę. Górna część płodna, w młodości biała, z czasem oliwkowa do ciemnobrązowej.

Cechy charakterystyczne: duże rozmiary, słabo wyodrębniony trzon.

Łatwo pomylić z: purchawka workowata z wyraźniejszym trzonem.

Uwagi: jadalna po usunięciu zewnętrznej warstwy, dopóki wnętrze jest białe. Owocnik odporny na warunki atmosferyczne i temperaturę – znajdowany w górach na wysokości 2400 m. n.p.m.; dolna część starego owocnika przetrzymuje zimę i bywa znajdowana następnego lata.

Purchawka chropowata

Lycoperdon perlatum

Nazywana też: prochówka kolczysta, purchawka szorstka, purchawka chropawa.

Występowanie: na stosunkowo wilgotnej ziemi (rzadziej na murszejącym drewnie) w lasach głównie liściastych, na łąkach i pastwiskach, często gromadnie. Pospolita.

Owocnik: ∅ do 5 cm, w młodości kulisty, z czasem odwrotnie gruszkowaty, maczugowaty do główkowatego.

Zewnętrzna ściana: zewnętrzna warstwa biała, z czasem żółknąca i szarobrązowa do brązowej, pokryta stożkowatymi ostro zakończonymi kolcami, otoczonymi szeregiem niskich tępych brodawek; kolce z czasem mogą się rozszczepiać u podstawy, w dolnej części owocnika są malejące i stopniowo zastępowane przez brodawki. Wewnętrzna warstwa papierowata, szarobrązowa, matowa; na górze stosunkowo duże koliste ujście o nierównym poszarpanym brzegu.

Wnętrze: w dolnej części płonne, za młodu białe, z wiekiem jasnobrązowe o komorach raczej drobnych, płynnie przechodzi w górną część płodną, w młodości białą, z czasem żółtą, oliwkową, szarobrązową, pylistą. Masa zarodników ma kolor brązowy z oliwkowym odcieniem.

Trzon: wyraźnie wyodrębniony, słabiej pokryty kolcami, u podstawy z wyraźnym białym sznurem grzybni.

Cechy charakterystyczne: po odpadnięciu kolców pozostaje specyficzny wzór siateczki.

Łatwo pomylić z: purchawka gruszkowata, purchawka workowata.

Uwagi: jadalna za młodu (dopóki wnętrze jest białe – potem jest nieprzydatna, lecz nie trująca) i smaczna, zwłaszcza usmażona.

Purchawka gruszkowata

Apioperdon pyriforme

Występowanie: na rozkładającym się drewnie drzew iglastych i liściastych, porasta kłody i pnie zwartymi kępami. Pojedyncze owocniki mogą w takim przypadku rosnąć obok, pozornie na ziemi – w rzeczywistości jednak na drewnie zagrzebanym w ściółce. Pospolita.
Owocnik: ∅ 1-4 cm, kształt odwróconej bombki choinkowej do maczugowatego.
Zewnętrzna ściana: zewnętrzna warstwa długo się utrzymująca; jakby omączona, szorstka, delikatnie brodawkowata z niskimi kolcami na szczycie, jednak szybko „łysiejąca". Kolor za młodu biały, potem białawoochrowy, szaroorzechowy, u góry brązowawy. Wewnętrzna warstwa białawokremowa do jasnobrązowej, za młodu z odcieniem miedzi; krucha, na starość matowa, papierowata, ze wzgórkiem na szczycie (gdzie tworzy niewielkie koliste ujście, z czasem o poszarpanym brzegu).
Wnętrze: dolna część płonna, drobno komorowata, biała, z czasem szarobrązowa. Górna część płodna, zabarwiona podobnie jak dolna, z czasem oliwkowobrązowa; stopniowo przechodzi w wyraźną wydłużoną płonną słupowatą strukturę w środkowej części owocnika.
Miąższ: w młodości jędrny, z wiekiem łykowaty i gąbczasty. W trzonie po dojrzeniu pozostaje biały, powyżej z czasem oliwkowobrązowawy do kasztanowego. Zapach nieprzyjemny, kłująco-metaliczny, przypominający woń gazu świetlnego. Smak łagodny.
Trzon: w młodości bardzo wąski, cylindryczny, zwężony lekko przy podstawie. U starszych okazów zlewa się z resztą owocnika, stając się mało zauważalnym. Przy podstawie owocniki połączone są białymi i stosunowo grubymi sznurami grzybni, która wnika do martwego drewna.
Cechy charakterystyczne: purchawka gruszkowata rośnie zawsze na rozkładającym się drewnie (czasem zagrzebanym w ziemi), stąd łatwo jest ją odróżnić od podobnych gatunków purchawek i kurzawek.
Łatwo pomylić z: purchawka miękka, purchawka chropowata, purchawka spłaszczona, purchawka cisawa.
Uwagi: wśród purchawek nie ma gatunków trujących.

Purchawka jeżowata

Lycoperdon echinatum

Nazywana też: purchawka najeżona.
Występowanie: w lasach liściastych, rzadziej w iglastych. Miejscami stosunkowo częsta.
Owocnik: ∅ 2-6 cm, odwrotnie gruszkowaty lub kulistawy, z krótką i zwężoną podstawą pokrytą pękiem białawych sznurowatych strzępek grzybni na dole i znacznie krótszymi kolcami.
Zewnętrzna ściana: zewnętrzna warstwa za młodu jasnobrązowa, z wiekiem ciemnobrązowa; pokryta gęstymi i długimi ostrymi klinowatymi kanciastymi kolcami, które wygiętymi szczytami stykają się ze sobą po kilka, nadając owocnikowi kosmaty wygląd. Po odpadnięciu kolców pozostaje siateczkowaty wzór. Wewnętrzna warstwa miękka, papierowata; w młodości biała, z czasem jasnokremowa i jasnobrązowawa, ochrowobrązowawa. Na szczycie powstaje koliste ujście.
Wnętrze: u dołu płonne, stosunkowo zwarte, z małymi komorami. Początkowo białe, z czasem szarofioletowe. Płynnie przechodzi w płonną słupkowatą strukturę w środkowej części owocnika. U góry płodne, białe, z czasem szarofioletowe do czekoladowobrązowego.
Łatwo pomylić z: purchawka czarniawa, purchawka brunatna.

!

Purchawka spłaszczona

Lycoperdon pratense

Nazywana też: purchaweczka spłaszczona.
Występowanie: poza lasem, na łąkach, pastwiskach, ugorach, obrzeżach dróg. Częsta.
Owocnik: ∅ 2-5 cm, w młodości kulisty, szybko zyskuje pokrój odwróconej kropli; przybiera też kształt nieco spłaszczonego bączka, pofałdowaną podstawą zwężającego się ku dołowi.
Zewnętrzna ściana: zewnętrzna warstwa biała do kremowej, matowa, z kulistymi członami strzępek z powierzchni owocnika i niziutkimi ziarnistymi kolcami, tworzącymi gwiazdowate skupienia, które w miarę rozwoju ciemnieją i odpadają. Wewnętrzna warstwa biaława, z czasem brązowawa do szarobrązowej; gładka, pergaminowata, łamliwa, otwierająca się na szczycie i następnie odpadająca płatami aż do cienkiej warstwy zwartych strzępek między płodną częścią owocnika a jej płonną, dolną częścią.
Wnętrze: u dołu płonne, dobrze rozwinięte, komorowate, najpierw białe, dojrzałe ciemnobrązowe, oddzielone wyraźną błyszczącą cienką warstwą zwartych strzępek od górnej płodnej części, która na początku jest biała, a z wiekiem oliwkowobrązowa do szarobrązowej.
Cechy charakterystyczne: kształt odwróconej gruszki, „przegródka" widoczna na przekroju podłużnym w połowie wysokości oraz występowanie poza lasem.
Łatwo pomylić z: purchawka chropowata, purchawka oczkowata, kurzawki.
Uwagi: często w jej sąsiedztwie znaleźć można kurzawkę ołowianą.

Rycerzyk czerwonozłoty

Tricholomopsis rutilans

Nazywany też: złotawka, boczniak czerwonozłoty, bedłka czerwonozłota, brzegowłosek czerwonozłoty.
Występowanie: pojedynczo lub w kępkach, rośnie na pniakach (lub wokół nich) drzew iglastych (głównie świerk i sosna). Częsty.
Kapelusz: ∅ 3-15 cm, mięsisty, początkowo półokrągły, stożkowaty, z podwiniętym brzegiem; z czasem wypukły do rozpostartego; często z tępym garbkiem. Suchy, pokryty gęstymi bordowofioletowymi łuseczkami, które z wiekiem blakną i zanikają, odsłaniając żółte tło.
Pod kapeluszem: blaszki. **Odcisk kapelusza:** biały.
Trzon: baryłkowaty lub cylindryczny; pełny do pustego na starość. W jaśniejszym odcieniu koloru kapelusza, pokryty ciemniejszymi (zanikającymi z wiekiem) łuseczkami; u góry jasnożółty. Suchy, pod naciskiem żółknie.
Miąższ: niezmienny, soczysty lub wodnisty, zawsze żółtawy, o słabym kwaskowo-stęchłym zapachu i kwaskowym, ziemistym lub mdłym smaku.
Cechy charakterystyczne: żółte blaszki i miąższ; gęste drobne bordowofioletowe łuseczki na kapeluszu i trzonie z wiekiem coraz bardziej odsłaniające żółte tło.
Łatwo pomylić z: rycerzyk oliwkowożółty, rycerzyk czerwonołuskowy (oba niejadalne).
Uwagi: używany głównie jako grzyb domieszkowy, gdyż jest niezbyt smaczny. Spożyty w większych ilościach, może powodować niestrawność.

Siedziuń sosnowy

Sparassis crispa

Nazywany też: szmaciak gałęzisty, płaskosz.
Występowanie: wyrasta na korzeniach, u podstawy drzew iglastych (głównie sosna, czasem świerk lub modrzew) lub na ich drewnie, na ubogich piaszczystych glebach. Stosunkowo częsty.
Owocnik: ∅ 10-40 cm, przybiera formę nieregularnie kulistej sałaty lub gąbki. Składa się z gęstych płatowatych wielokrotnie rozgałęzionych gałązek o pofalowanych zakończeniach. Białawokremowy, szarawy, żółtawy, ochrowożółtawy; z wiekiem zakończenia gałązek brązowieją.
Trzon: krótki i gruby, wrośnięty w korzenie drzewa; białawoszarawy, u podstawy czarniawy.
Miąższ: niezmienny, woskowato-kruchy, sprężysty, białawy, o przyjemnym korzennym zapachu i łagodnie orzechowym smaku z lekko pikantną nutą.
Cechy charakterystyczne: krzaczasty kształt owocnika złożonego z płaskich gałązek o pofalowanych zakończeniach.
Łatwo pomylić z: Łatwo pomylić z: siedziuń jodłowy, siedziuń dębowy (pod ochroną).
Uwagi: jest pasożytem, powodującym brunatną zgniliznę drewna.

Smardz jadalny

Morchella esculenta

Nazywany też: smardz zwyczajny, smardz, smorz, zmarszcz.
Występowanie: pod drzewami liściastymi (jesion, wiąz, drzewa owocowe), wśród traw, nad rzekami i potokami, w widnych miejscach, w zaroślach, parkach, ogrodach i lasach liściastych (rzadko iglastych), na żyznej glebie (np. w przydomowych ogródkach). Być może stosunkowo częsty, choć rośnie w okresie, w którym trudno to zweryfikować (a więc zanim większość grzybiarzy rozpoczyna sezon).
Wysokość owocnika: 2-8 cm (czasem 30cm!).
Główka: pusta; kulista, jajowata lub stożkowata; wysokości trzonu lub wyższa (w granicach 1/3-2/3 jego wysokości). Za młodu szaroochrowa, szara, z wiekiem ciemniejąca przez ochrowożółtą do miodowożółtej, rdzawej, czasem niemal czarnej. Głębokie jamki z szaroochrową lub bladoochrową warstwą zarodnikową rozmieszczone nieregularnie, oddzielone od siebie często jaśniejszymi, żeberkowanymi, nieregularnymi przegrodami (jak plaster miodu, lecz bez tej symetrii), u dołu główki zaokrąglone i zrośnięte z trzonem.
Trzon: pusty; nieregularnie cylindryczny, gładki lub pomarszczony, chropowaty, pokryty drobnymi ziarenkami. Białawy, białawoochrowy, żółtawoochrowy do ochrowego.
Miąższ: owocnik pusty, natomiast miąższ, z którego składa się trzon i główka, ma krucho-woskowatą konsystencję, kolor białawy, kremowy do żółtawego, przyjemny zapach i łagodny smak.
Cechy charakterystyczne: pomimo bardzo zróżnicowanego ubarwienia i kształtu główki (ze względu na te cechy bywa dzielony na różne odmiany), niezmiennie wyróżnia się nieregularnym rozmieszczeniem jamek na główce.
Łatwo pomylić z: trującymi piestrzenicami, które mają główkę pokrytą fałdami (jakby ktoś pomarszczył jednolity płat), a nie jamkowaną jak smardze (przypominającą plaster miodu – z wyraźnymi otworami a nie fałdami).
Smardz stożkowaty, smardz wyniosły, mitrówka półwolna.

Smardz stożkowaty

Morchella conica

Nazywany też: smorz, smordz, zmarszcz, smarcel, smorcel.
Występowanie: przeważnie w górskich dolinach lasów iglastych i liściastych nad potokami w towarzystwie lepiężnika różowego, w miejscach wilgotnych, widnych; w zaroślach, parkach, na obrzeżach lasów; szczególnie upodobał sobie przydomowe ogórki, gdzie wyrasta wiosną na korze, choć przeważnie tylko przez pierwsze dwa lata od jej wysypania; stosunkowo rzadki.
Wysokość owocnika: 2-7 cm.
Główka: pusta; walcowato wydłużona, przeważnie w kształcie smukłego stożka z tępym szczytem (lecz czasem owalna do okrągławej). Szarawa, szaroróżowawa, szarobrązowa, oliwkowobrązowa, żółtawobrązowa do czarnobrązowej. Jamki z warstwą zarodnikową podłużne, stosunkowo regularnie ustawione w pionowych szeregach oddzielonych wyraźnymi żeberkami, dzielącymi główkę na podłużne, romboidalne lub niemal prostokątne wnęki; brzeg schodkowo przyrośnięty do trzonu.
Trzon: pusty; węższy i przeważnie krótszy niż kapelusz, nieregularnie spłaszczony lub wygięty, na dole trochę pomarszczony. Białoochrowy do żółtawoochrowego, lekko łuseczkowaty.
Miąższ: owocnik pusty, natomiast miąższ, z którego składa się trzon i główka, ma konsystencję woskowato-kruchą, jest cienki, białawy do bladoochrowego, ma przyjemny zapach i łagodny smak.
Cechy charakterystyczne: główka przyrośnięta do trzonu z wyraźnym uskokiem (bez płynnego przejścia).
Łatwo pomylić z: innymi smardzami, mitrówką półwolną i trującymi piestrzenicami **(patrz str. 100)**.

Soplówka bukowa

Hericium coralloides

Nazywana też: soplówka gałęzista, kolczak koralowy, kolczak koralkowy.
Występowanie: wyrasta podczas deszczowych okresów na kłodach buka (czasem dębu lub brzozy, rzadziej innych drzew liściastych). W swoim środowisku (stare bukowe lasy z zalegającym martwym drewnem) stosunkowo częsta.

Owocnik: ∅ 10-40 cm, kształtu nieregularnie wydłużonej kuli, przypominającej koralowiec. Złożony z luźnych wielokrotnie rozgałęzionych zwieszonych gałązek, równomiernie porośniętych miękkimi igiełkami, wyrastających z krótkiej i grubej podstawy. Białawy, wysychając uzyskuje barwę żółtawą i brązowawą.
Miąższ: zbity do nieco gąbczastego, koloru owocnika, bez zapachu ani smaku.
Cecha charakterystyczna: igiełki równomiernie porastają powierzchnię gałązek (u podobnych soplówek albo nie ma gałązek, albo igiełki występują tylko na ich końcach).
Łatwo pomylić z: soplówka jodłowa, soplówka jeżowata, soplówka gałęzista.
Uwagi: wszystkie soplówki są jadalne, lecz w Polsce objęte ochroną gatunkową.

Twardówka anyżkowa

Lentinellus cochleatus

Nazywana też: twardówka muszlowata.
Występowanie: rośnie kępkami na martwym drewnie drzew liściastych i iglastych, miejscami częsta.
Kapelusz: ∅ 3-8 cm, języczkowaty, lejkowato przechodzący w trzon; kolor cielisty do czerwono-brązowawego; brzeg pofalowany.
Pod kapeluszem: blaszki mocno zbiegające. **Odcisk kapelusza:** biały.
Trzon: wygięty, podłużnie rynienkowaty; koloru kapelusza, ciemniejszy niż blaszki, a ku dołowi brązowiejący. W konsystencji łykowaty, skórzasty, chrząstkowy.
Miąższ: początkowo elastyczny, z czasem łykowaty, w dole trzonu korkowaty. Kolor biały do bladoszarego, zapach i smak łagodnie anyżowe.
Cechy charakterystyczne: zapach anyżu, karbowane ostrza blaszek.
Łatwo pomylić z: twardówka bezwonna, twardziak anyżkowy.

Twardzioszek przydrożny

Marasmius oreades

Nazywany też: podróżniczek, przydróżka, tańcownica, przydrożek, tańcówka.
Występowanie: rośnie licznymi grupami wśród traw poza lasem: na łąkach, pastwiskach, poboczach dróg; pospolity.
Kapelusz: ∅ 2-5 cm, półkulisty, tępo stożkowaty do niemal płaskiego, przeważnie z nieco ciemniejszym garbkiem. Podczas suszy bladokremowy, pod wpływem wilgoci ciemnieje do czerwonoochrowego. Gładki. Brzeg wyraźnie karbowany.
Pod kapeluszem: blaszki. **Odcisk kapelusza:** biały, jasnokremowy.
Trzon: równej grubości, elastyczny, twardy, gładki, a u podstawy nieco owłosiony z białawą grzybnią. Kremowy, żółtobrązowy.
Miąższ: w trzonie łykowaty, w kapeluszu elastyczny, białawy, o przyjemnym grzybowym zapachu i łagodnym smaku.
Cechy charakterystyczne: pomimo dużej zmienności towarzyszącej stopniowi wilgotności owocnika, gatunek ten posiada: niezmiennie pełny trzon, grube jasne blaszki i rośnie na trawiastych terenach poza lasem.
Łatwo pomylić z: początkujący grzybiarz może pomylić twardzioszki z trującymi, białawo zabarwionymi, lejkówkami rosnącymi poza lasem (np. liściową, jadowitą, wąskoblaszkową), które jednak różnią się budową, mają węższe blaszki i bardziej kruchy trzon.
Uwagi: ze względu na łykowaty trzon konsumuje się tylko kapelusze. Przesuszone owocniki mogą kontynuować rozwój, gdy znów staną się wilgotne. Trawa w miejscu występowania twardzioszków przydrożnych jest rzadszai ma zmienioną barwę.

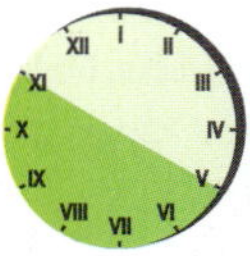

Uszak bzowy

Auricularia auricula-judae

Nazywany też: uszak, ucho bzowe, grzyb bzowy, judaszowe uszy, uszak judaszowy, ucho judaszowe.
Występowanie: w bezmroźnych okresach wyrasta na gałęziach bzu czarnego (rzadziej innych drzew liściastych), zazwyczaj gromadnie. Pospolity.
Owocnik: ∅ 2-15 cm, za młodu w kształcie kielicha, z czasem miseczki, a w dorosłości rozpostartej tarczy i wtedy nieregularnie pofałdowany, przypominający ucho. Czerwonobrązowy, bordowofioletowy do oliwkowobrązowego, ciemnieje po wyschnięciu. Zazwyczaj owocniki zrośnięte ze sobą i mocno z podłożem; brak trzonu.
Z zewnątrz: matowy, aksamitnie zamszowaty.
Wewnątrz: błyszczący, pomarszczony, czasem białawy za sprawą wydzielanych zarodników.
Miąższ: cienki, galaretowaty, elastyczny; chrząstkowaty, prześwitujący; po wyschnięciu kurczy się i twardnieje, stając się łamliwym, lecz po namoczeniu „odżywa" do pierwotnej postaci. Jasnobrązowy, ciemnobrązowy lub czerwonobrązowy; bez zapachu ani smaku.
Cechy charakterystyczne: bordowy owocnik kielichowato-miseczkowaty do rozpostartego, jednakowo ubarwiony po obu stronach, z wierzchu delikatnie zamszowy lecz nie owłosiony, rosnący na bzie.
Łatwo pomylić z: uszak skórnikowaty, rozszczepka kosmata (oba niejadalne).
Uwagi: krewny cenionego na Dalekim Wschodzie uszaka gęstowłosego („grzyba mun"), choć nie posiada praktycznie żadnego smaku – urozmaica jednak potrawy chrząstkowatą konsystencją i wyglądem.

Wodnicha biała

Hygrophorus eburneus

Nazywana też: bedłka biała, bedłka słoniowokostna.
Występowanie: w lasach liściastych i mieszanych, głównie pod bukami, przeważnie gromadnie. Stosunkowo częsta.
Kapelusz: ∅ 4-10 cm, biały, za młodu sklepiony półkolisto, potem płasko rozpostarty, często z garbkiem na środku. Gładki, lepki, błyszczący po wysuszeniu.
Pod kapeluszem: blaszki. **Odcisk kapelusza:** biały.

Trzon: biały, walcowaty, czasami węższy u dołu, za młodu pełny, z wiekiem gąbczasty lub czasem pusty. Gładki, wyraźnie śluzowaty, jedynie na górze suchy i pokryty białym nalotem.
Miąższ: biały, miękki, o łagodnym smaku i kwaskowatym zapachu.
Cechy charakterystyczne: niezmiennie biała barwa całego owocnika, nawet u starych okazów oraz śluzowaty trzon.
Łatwo pomylić z: wodnicha wonna, wodnicha świerkowa.

Wodnicha późna

Hygrophorus hypothejus

Nazywana też: wodnicha jasnożółta, oślaz jasnożółty, wodnicha złota.
Występowanie: gromadnie w lasach iglastych (zwłaszcza pod sosnami), rzadziej w liściastych i na śródleśnych łąkach. Pojawia się po pierwszych mrozach, szczególnie częsta w młodnikach sosnowych na glebach wapiennych (jak maślak zwyczajny); pospolita.
Kapelusz: ∅ 1-8 cm, w młodości dzwonkowato wypukły, z wiekiem płasko rozpostarty, na szczycie wgłębiony, często z niewielkim uwypukleniem na środku (tam ciemniejszy). Brzeg długo podwinięty. Skórka gruba, gładka, lśniąca, śluzowata, oliwkowobrązowa, łatwo oddzielna.
Pod kapeluszem: blaszki. **Odcisk kapelusza:** biały.
Trzon: w młodości pełny, z wiekiem pusty; równej grubości, czasem zwężający się przy podstawie; kremowożółtawy (w środkowej części często pomarańczowobrązowy); powierzchnia gładka, włóknista. Śluzowaty pierścień (pozostałość po osłonie) z czasem zanika.
Miąższ: cienki, zwarty (w trzonie raczej łykowaty), niezmienny, bladożółtawy (żółty pod skórką kapelusza), o łagodnym smaku i słabym (czasem nieco owocowym) zapachu.
Cechy charakterystyczne: oliwkowobrązowy kapelusz, żółte blaszki i trzon, występowanie zimą pod sosnami.
Łatwo pomylić z: wodnicha oliwkowobiała, wodnicha modrzewiowa.
Uwagi: często niedoceniana przez grzybiarzy, jest idealna na jesienno-zimowe stoły, gdy nie rosną już bardziej znane gatunki.Jest to jedna z najpóźniej owocujących wodnich.

Wodnicha złocista

Hygrophorus chrysodon

Występowanie: najczęściej gromadnie na glebach wapiennych pod świerkami (rzadziej dębami lub bukami), głównie na południu Polski; stosunkowo częsta.
Kapelusz: ∅ 3-8 cm, za młodu półkulisty z podwiniętym cienkim brzegiem, z wiekiem bywa płasko rozpostarty, z tępym garbkiem na starość, niekiedy zapadnięty.
Biały, pokryty drobnymi białawo-złotożółtymi łuseczkami (zwłaszcza na obrzeżu kapelusza, które może być ząbkowane lub brodato-filcowate). Powierzchnia zazwyczaj silnie śluzowata, lecz podczas suchej pogody i z wiekiem wysycha. Skórka u starszych owocników żółknie po potarciu.
Pod kapeluszem: blaszki. **Odcisk kapelusza:** biały.
Trzon: początkowo pełny, z wiekiem watowaty do pustego. Walcowaty, czasem zwężony ku dołowi.
Biała powierzchnia trzonu jest lepka – za wyjątkiem górnej części, która pokryta jest drobnymi złotożółtymi łuseczkami.
Miąższ: niezmienny, soczysty, miękki, biały, pod skórką kapelusza czasem żółtawy. Bez zapachu lub o woni mleczaja smacznego czy też gorzkich migdałów; smak łagodny.
Cechy charakterystyczne: biały owocnik o rzadkich blaszkach i trzonie watowatym do pustego, a przede wszystkim złociste gruzełki, szczególnie wyraźne na krawędzi kapelusza i w górnej części trzonu.
Łatwo pomylić z: wodnicha biała.

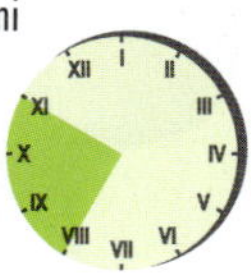

Borowik ceglastopory

Sutorius luridiformis

Nazywany też: pociec, pociecek, pociek, ceglak, ceglaś.
Występowanie: na kwaśnych glebach w lasach liściastych i iglastych pod świerkami, bukami, dębami i jodłami; częsty na południu Polski (zwłaszcza w lasach świerkowych), poza tym stosunkowo rzadki.
Kapelusz: ∅ 3-20 cm, mięsisty, za młodu wypukły, z wiekiem bardziej płaski, matowy. Skórka sucha, pod naciskiem robi się prawie czarna. Ciemnobrązowy, rzadziej z odcieniem czerni i koloru oliwkowego; u młodych owocników czasem z odcieniem żółtobrązowym lub pomarańczowym. Skórka silnie zrośnięta z kapeluszem.
Pod kapeluszem: rurki. **Odcisk kapelusza:** brudnooliwkowy.
Trzon: pełny, za młodu pękaty przy nasadzie, potem przeważnie walcowaty; żółtawy lub czerwonawy; w dolnej części pokryty czerwonymi ziarenkami na jasnym tle; błękitnieje na przekroju.
Miąższ: jędrny, z wiekiem gąbczasty; jasnożółty, u podstawy trzonu brudnoróżowy; błękitniejący po przecięciu; słaby przyjemny zapach, łagodny smak.
Cechy charakterystyczne: za sprawą brązowego kapelusza, ciemnoceglastych porów i siniejącego miąższu jest trudny do pomylenia z innymi borowikami.
Łatwo pomylić z: borowik ponury (ma siateczkę na trzonie).
Uwagi: smaczny, ale wymaga solidnego obgotowania. Z uwagi na zawartość dużej ilości wody (długie rurki i gąbczasty miąższ) trudny do ususzenia. W stanie surowym lub zbyt słabo obgotowany może wywoływać dolegliwości żołądkowe. Jest to jeden z najwcześniej pojawiających się borowików.

Klejówka różowa

Gomphidius roseus

Występowanie: pod sosnami, rzadziej jodłami i świerkami, na piaszczystych glebach w lasach iglastych, wśród mchów, głównie na południu Polski; pasożytuje na grzybni maślaka sitarza, przez co często rośnie w jego towarzystwie; rzadka.
Kapelusz: ∅ 2-5 cm, mięsisty, za młodu wypukły, z wiekiem spłaszczony do wklęsłego. Cielistoróżowy z odcieniami jasnej czerwieni, gładki, lepki, tylko podczas suszy suchy i błyszczący; brzeg podwinięty. Osłona pajęczynowata, nieco lepka, zanikająca.

Pod kapeluszem: blaszki.
Odcisk kapelusza: czarny.
Trzon: jędrny, przy podstawie zwężony; u góry biały, na dole różowy. Osłona pozostawia po sobie gruby pierścień.
Miąższ: miękki, biały a pod skórką kapelusza i w trzonie różowy. Łagodnie kwaskowy smak; bezwonny.
Cechy charakterystyczne: cielistoróżowy kapelusz i dolna część trzonu, zbiegające blaszki, pierścień. Pokrojem podobna do wielu klejówek, lecz różowym zabarwieniem wyraźnie się od nich różniąca.
Uwagi: jadalna po usunięciu skórki kapelusza i śluzu, ale warta oszczędzania ze względu na rzadkość występowania.

Lejkówka szarawa

Clitocybe nebularis

Nazywana też: gąsówka mglista, bedłka mglista.
Występowanie: wyrasta grupami we wszelkiego typu lasach i zaroślach; pospolita.
Kapelusz: ∅ 5-25 cm, wypukły do płaski i nieznacznie wklęsły. Szary, szarobrązowy, białawy. Matowy; gładki, w młodości oszroniony. Brzeg mocno podwinięty, z czasem pofalowany.
Pod kapeluszem: blaszki. **Odcisk kapelusza:** kremowy, kremowożółty.
Trzon: cylindryczny, często na dole rozszerzony z przyrośniętą białą grzybnią; w młodości pełny, mocny, mięsisty, z czasem watowaty; w jaśniejszym odcieniu barwy kapelusza; wzdłużnie popękany na niewielkie odstające włókienka.
Miąższ: niezmienny, białawy, w kapeluszu gruby; nieprzyjemna woń stęchłych szmat, łagodny (choć czasem gorzkawy) mączno-kwaskowaty smak.
Cechy charakterystyczne: niecodzienna woń mokrych ścierek, wyraźnie wyczuwalna zwłaszcza podczas gotowania.
Łatwo pomylić z: jadalnymi: lejkówką szarobrązową i gęśnicą wiosenną. Silnie trująca dzwonkówka trująca ma mączny smak i zapach oraz żółtawe lub różowawe blaszki, jest stosunkowo rzadka.
Uwagi: jadalna po uprzednim obgotowaniu i odlaniu wody – bez tego zabiegu powoduje czasem niestrawność. Nieprzyjemny zapach (zwłaszcza podczas przyrządzania) i niecodzienny silny smak nie każdemu przypadną do gustu. Na starych, rozkładających się kapeluszach wyrasta bardzo rzadki pochwiak grzybolubny.

Maślak żółty

Suillus grevillei

Nazywany też: maślak strojny, maślak czerwony, borowik strojny, borowik piękny, borowik żółty, czerwonka.
Występowanie: w lasach modrzewiowych, iglastych i mieszanych a nawet w parkach (lecz zawsze pod modrzewiem), na różnych glebach, w całej Polsce częsty.
Kapelusz: ∅ 4-14 cm, mięsisty; półkolisty do poduszkowato spłaszczonego; wierzchołek najczęściej lekko stożkowaty. Żółty, gładki, niekiedy plamisty lub pomarszczony; na mokro śluzowaty; barwi dłonie na rdzawo. Skórka łatwo oddzielna.
Pod kapeluszem: rurki. **Odcisk kapelusza:** ochrowy.
Trzon: pełny, cylindryczny, żółtobrązowy do czerwonobrązowego, z brązowymi ziarenkami nad rdzawym pierścieniem, u dołu żółty. Czasem po zacienionej stronie trzonu powstają większe lub mniejsze fragmenty siateczki.

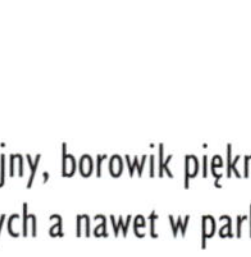

Miąższ: jasnożółty, różowieje na przekroju; przy podstawie trzonu czasem lekko zielonkawy. Łagodny smak, przyjemny żywiczny zapach.
Cechy charakterystyczne: jaskrawożółty kleisty kapelusz, żółte rurki i trzon; czasem domieszka odcieni czerwonobrązowawych na trzonie i kapeluszu.
Łatwo pomylić z: maślak Bresadolowa, maślak trydencki, maślak szary.
Uwagi: aby uniknąć niestrawności, zaleca się zdjąć skórkę z kapelusza (a w przypadku młodych owocników, u których nie jest to łatwe – przynajmniej usunąć śluz).

Maślak szary

Suillus viscidus

Nazywany też: maślak lepki.
Występowanie: pod modrzewiami, na glebach wapiennych, głównie na południu Polski. Niezbyt częsty.
Kapelusz: ∅ 4-13 cm, półkulisty do poduchowato spłaszczonego, z garbkiem. Białoszary, żółtawy, szarooliwkowy do czerwonawobrązowego. Uciśnięty brązowieje. Skórka mazista, łatwo oddzielna, czasem promieniście spękana i kosmkowata. Na brzegu zwisające białe resztki osłony.
Pod kapeluszem: rurki. **Odcisk kapelusza:** jasnobrązowawy.
Trzon: pełny, walcowaty; jaśniej zabarwiony kolorem kapelusza, szarożółty, czasami nieco brązowiejący, z nieregularnymi jamkami. Powyżej nietrwałego pierścienia bywa pokryty siateczką.
Miąższ: w kapeluszu miękki, białawy do sinawego, czasem z odcieniem niebieskozielonym. W trzonie nieco włóknisty, jasnożółty do brązowawego a u podstawy szarożółtawy, z wiekiem płowy. Na przekroju słabo zielenieje. Słaby zapach, łagodny owocowo-kwaskowy smak.
Cechy charakterystyczne: gatunek zmiennego kształtu i ubarwienia, lecz wyróżniający się brudnoszarym kapeluszem i dużymi nieregularnymi szarawobrązowawymi porami.
Łatwo pomylić z: maślak trydencki, maślak żółty.
Uwagi: jadalny, lecz przed spożyciem warto usunąć skórkę lub śluz. Aby pozbyć się ciężkostrawnego śluzu, można zebrane owocniki namoczyć przez kilka-kilkanaście godzin w 8-10% roztworze wody z solą, po czym opłukać.

Maślak zwyczajny

Suillus luteus

Nazywany też: huba maślak, koźlak, maślak, maślarz, pępek, ślimak, grzyb maślak, borowik maślak.
Występowanie: na piaszczystych lub wapiennych glebach, w sosnowych zagajnikach (nawet tych bardzo młodych), w miejscach zarośniętych mchami lub niskimi ziołami, przy drogach leśnych. Niemal zawsze pod sosnami (czasem pod jodłami, świerkami i modrzewiami). Pospolity.
Kapelusz: ∅ 4-15 cm, grubomięsisty; półkolisty do rozpostartego. Brązowy z żółtym, szarym lub oliwkowym odcieniem, blaknący. Skórka lepka, w czasie suszy drobno promieniście żyłkowana; łatwo oddzielna od miąższu; jednobarwna, czasem z delikatnym rysunkiem. Brzeg ostry.
Pod kapeluszem: rurki.
Odcisk kapelusza: Na świeżo rdzawoochrowy do brązowego, po wyschnięciu oliwkowożółtawy.
Trzon: pełny, walcowaty; białawy, jasnożółty; u góry drobne żółtawe ziarenka. Osłona po przerwaniu może tworzyć na trzonie lejkowato wzniesiony, bladofioletowoszary pierścień.

Miąższ: miękki, trochę wodnisty, niezmienny, białawy, z czasem kremowy, żółty. W młodości delikatny, na starość gąbczasty. Nad rurkami niemal cytrynowy, w trzonie lekko płowy. Łagodny, słabo owocowy, przyjemny smak i zapach.
Cechy charakterystyczne: brązowawy kapelusz, żółty trzon oraz rurki, osłona zwisająca z kapelusza lub tworząca pierścień.
Łatwo pomylić z: maślak ziarnisty, maślak rdzawobrązowy.
Uwagi: zaleca się jeść tylko młode owocniki i zawsze po zdjęciu skórki.

Opieńka ciemna
Armillaria ostoyae

Nazywana też: opieńka pospolita.
Występowanie: rośnie kępkami lub pojedynczo na martwym i żywym drewnie drzew iglastych (głównie świerk), czasem liściastych. Lubi kwaśne gleby; częsta.
Kapelusz: ∅ 3-11 cm, półkolisty do płaskiego. Ochrowy do brązowego; na mokro ciemniejszy, na sucho jaśniejszy. Pokryty odstającymi ciemniejszymi łuseczkami, dopiero na starość odpadającymi.
Pod kapeluszem: blaszki. **Odcisk kapelusza:** jasnokremowy, biały.
Trzon: cylindryczny; pełny do pustego. Podstawa zgrubiała, krótko zaostrzona. Koloru kapelusza lub jaśniejszy, z resztkami białawej osłonki. Pierścień biały, brązowo obrzeżony, wełnisty: powyżej trzon białawy i bruzdkowany, poniżej czerwonobrązowy do czarnobrązowego i ze stosunkowo trwałymi brązowymi łuseczkami; u podstawy żółtozielony.

Miąższ: w kapeluszu twardy i giętki, w trzonie i z wiekiem łykowaty. W młodości biały, z czasem nabiera różowawego odcienia. Przyjemny grzybowo-owocowy zapach, a smak najpierw łagodny lecz po chwili drażniący.
Cechy charakterystyczne: brązowo-czerwonawy kapelusz (bez odcienia żółci) usłany ciemniejszymi od niego łuseczkami; trwały brązowo obrzeżony pierścień; preferuje drewno drzew iglastych.
Łatwo pomylić z: innymi jadalnymi opieńkami.
Uwagi: bardzo smaczna, lecz wymaga wstępnego obgotowania przez 5-15 minut w temp. powyżej 60°C, a następnie odlania wody i dłuższej niż zazwyczaj obróbki termicznej. Zaleca się konsumować tylko młode kapelusze.

Opieńka żółtawa
Armillaria lutea

Nazywana też: opieńka żółta, opieńka żółtotrzonowa.
Występowanie: wyrasta, pojedynczo lub kępkami, na drewnie (przeważnie martwym, ale też na korzeniach w dużym oddaleniu od najbliższych drzew i wtedy pozornie na ziemi) drzew liściastych (rzadko iglastych). Unika gleb kwaśnych, poza tym częsta.
Kapelusz: ∅ 2,5-10 cm, stożkowaty do płaskiego. Brązowożółtawy, na środku ciemniejszy. Jaśniejszy gdy suchy, ciemniejszy gdy mokry. Koncentrycznie usłany łuseczkami żółtymi do brązowych, przeważnie zanikającymi dopiero na starość.
Pod kapeluszem: blaszki. **Odcisk kapelusza:** białawy.
Trzon: cylindryczny, z bulwiastą żółtozieloną podstawą. U góry jasnobrązowy, u dołu ciemnobrązowy. Poniżej nietrwałego żółto obrzeżonego pierścienia pokryty łuseczkami żółtawymi do brązowych.

Miąższ: biały do różowego, o przyjemnym grzybowo-owocowym zapachu i łagodnym (lecz po chwili drażniącym) smaku.
Cechy charakterystyczne: kapelusz i łuseczki na nim z odcieniem żółci; nietrwały żółto obrzeżony pierścień; preferuje drewno drzew liściastych.
Łatwo pomylić z: innymi jadalnymi opieńkami.
Uwagi: podobnie, jak opieńkę ciemną, również opieńkę żółtawą przed spożyciem należy poddać obróbce termicznej.

Żółciak siarkowy

Laetiporus sulphureus

Nazywany też: huba żółta, żagiew Rastafińskiego, żagiew topolowa, grzyb siarkowy, huba siarkowa.
Występowanie: w lasach, sadach, parkach, alejach, ogrodach. Pasożytuje na pniach pojedynczych drzew liściastych (dąb, topola, wierzba, klon, buk, drzewa owocowe) i bardzo rzadko liściastych (modrzew, sosna, jodła). Częsty.
Kapelusz: ∅ 10-40 cm. Kapelusze, zazwyczaj nieforemne, bocznie przyrośnięte, zrastają się ze sobą, tworząc przeważnie duże dachówkowate skupienia o poziomym ułożeniu. Powierzchnia za młodu jaskrawa, żółtopomarańczowa, miejscami morelowa lub pomarańczowa, na brzegach cytrynowa. Kolor wysuszonych owocników blaknie, zmieniając się na słomkowożółty lub miejscami białoorzechowy.
Wierzch kapelusza nierówny, promienisto pomarszczony, pagórkowaty, zamszowaty. Czasem na powierzchni pojawiają się krople bezbarwnej cieczy (zjawisko gutacji). Brzeg falisty, powyginany, miejscami lekko podwinięty.
Pod kapeluszem: rurki. **Odcisk kapelusza:** świeży słomkowożółty, szybko bielejący.
Miąższ: jednorodny, białawy, kremowożółty, kremowy, przy powierzchni morelowy, po wyschnięciu biały lub słomkowożółty. W młodości miękki, soczysty, serowatej konsystencji, po wyschnięciu staje się lekki, bardzo łamliwy. Silny grzybowy zapach; smak przyjemny, lekko kwaskowaty, z wiekiem gorzkawy.
Cechy charakterystyczne: żółtawopomarańczowe, zrośnięte ze sobą owocniki, rosnące na drzewach.
Łatwo pomylić z: wachlarzowiec olbrzymi o owocnikach szarawobrązowawych (lecz w młodości żółtawych) rośnie na korzeniach, u podstaw pni i na pniakach drzew liściastych; częsty, jadalny za młodu.
Jodłowica górska o owocnikach beżowobladobrązowych rośnie u podstawy żywych jodeł i świerków; stosunkowo rzadka, niejadalna.
Zębniczek północny o podobnie ubarwionych, kremowożółtych owocnikach, odróżnia się wyraźnymi kolcami pod kapeluszem; rzadki, niejadalny.
Uwagi: na surowo jest trujący, lecz jadalne są młode owocniki o siarkowomorelowej barwie i jędrnym, łatwo łamliwym miąższu, które jednak wymagają wstępnego obgotowania z odlaniem wody. Potem można je np. smażyć w panierce jak kotlety (w takiej postaci są bardzo smaczne i warte polecenia). Starsze, wysuszone okazy mają bardzo twardy miąższ. Jest groźnym pasożytem drzew, zabijając je i niszcząc drewno, zamieniające się z czasem w próchno, a w końcu – w kasztanowo zabarwiony proszek. Jego pojawienie się jest dla drzewa wyrokiem śmierci, która nadchodzi po kilku latach – drzewo, czasem z pozoru zdrowe (nadal rośnie i wydaje liście), łamie się pod ciężarem korony. Odznacza się dużą zmiennością form.

Borowiki i podgrzybki

Borowiki charakteryzują się **masywnymi owocnikami** stosunkowo dużych rozmiarów, z **pękatym** lub **smukłym trzonem** i **grubym kapeluszem**. **Podgrzybki** wyodróżnia zazwyczaj **drobniejsza budowa** i **smuklejszy**, **cieńszy trzonek**. Ich cechą wspólną są natomiast **rurki pod kapeluszem**. Podział na te dwa rodzaje (*Boletus* i *Xerocomus*) istniał przez lata, jednak obecna systematyka wyróżnia z nich aż dwanaście rodzajów: *Caloboletus, Cyanoboletus, Boletus, Butyriboletus, Hemileccinum, Hortiboletus, Imperator, Imleria, Rubroboletus, Suillellus, Sutorius* i *Xerocomellus*. Polskie nazewnictwo nie nadąża za tymi zmianami, wobec czego powraca się do podziału na jedynie dwie polskie nazwy rodzajowe: borowiki i podgrzybki (co oczywiście całkowicie rozmija się z nazewnictwem łacińskim). Biorąc pod uwagę fakt, że borowiki i podgrzybki z natury rzeczy znajdują się w centrum zainteresowania grzybiarza nastawionego na konsumpcję, w zestawieniu porównano aż 26 gatunków. Kolorem zaznaczono również ich warość kulinarną: jadalny, niejadalny, trujący.

Należy bowiem mieć świadomość, że tak jak wśród muchomorów znajdują się gatunki jadalne, tak wśród borowików są i gatunki trujące – na czele z borowikiem szatańskim, w Polsce coraz częstszym i podlegającym ochronie prawnej (potocznie używana przez grzybiarzy nazwa „szatan" odnosi się nie do niego, lecz do nieszkodliwego goryczaka żółciowego). Część z opisanych gatunków jest spotykana częściej w cieplejszych rejonach Europy, jednak ze względu na ocieplający się klimat coraz częściej natrafiamy na nie również w Polsce – a poniższe zestawienie ma ułatwić identyfikację tych przybyszów z cieplejszych krajów. Jako kryterium kolejności opisywania gatunków, przyjęto ich wizualne podobieństwo. Gatunki o żółtych trzonach, szarych kapeluszach czy czerwonych porach starano się więc zamieścić obok siebie. Takie cechy, jak występowanie, kształt trzonu czy rozmiary pominięto, bo są zbyt zmienne, by oprzeć na nich oznaczenie. Skupiono się na cechach trwałych – na przykład miarodajnym kryterium jest **obecność lub brak siateczki na trzonie**. Nauczenie się jej dostrzegania znacząco ułatwi rozpoznawanie gatunków ją posiadających oraz tych, które nigdy jej nie mają. Mimo to należy wiedzieć, że w niektórych przypadkach kolor porów u owocników młodych i u dojrzałych może być różny (choć w obrębie wymienionych poniżej barw), a w pewnych warunkach również **inne cechy mogą być zmienne** (jak duży stopień nawilgocenia – wówczas np. pory zazwyczaj nie siniejącego borowika zajęczego mogą sinieć pod naciskiem).

Zawsze więc należy zbierać i konsumować jedynie owocniki, co do których rozpoznania jesteśmy cakowicie pewni – uwzględniając fakt, że nawet te jadalne (jak np. borowik królewski) mogą być rzadkie a nawet prawem chronione, przez co nie należy ich pozyskiwać.

KLUCZE borowiki i podgrzybki

	Kapelusz	Rurki	Pory
Podgrzybek brunatny (s. 13)	brązowy	żółte, oliwkowożółte	żółte, oliwkowoż
Podgrzybek żeberkowany	bordowobrązowy, ciemnobrązowy, żółtawobrązowy	żółte	żółte
Podgrzybek oprószony (s. 14)	szarobrązowy, czerwonawobrązowawy; na brzegu fioletowoczerwony	żółte, oliwkowe	żółte, oliwkowe
Podgrzybek zajączek (s. 16)	zgniłobrązowy, oliwkowożółty	żółte, oliwkowożółte	żółte, szarożółte
Podgrzybek złotopory (s. 17)	brązowawy, zgniłozielony; przeważnie poletkowato spękany na czerwonym tle	żółte, oliwkowe	żółte, oliwkowe
Podgrzybek obciętozarodnikowy	orzechowobrązowy; poletkowato spękany na białawym tle	żółte, oliwkowożółte	żółte, oliwkowoż oliwkowobrązow
Podgrzybek czerwonawy (s. 13)	czerwony, z wiekiem płowieje; czasem poletkowato spękany na żółtym tle	żółte, oliwkowożółte, oliwkowe	żółte, oliwkowoż oliwkowe
Borowik klinowotrzonowy	oliwkowoszary, ciemnobrązowy; pod naciskiem niebieskawy	żółte, oliwkowożółte	żółte, oliwkowoż
Borowik bladnący	jasnoszary, szarobrązowy; uszkodzony czerwonawy lub brązowawy	żółte, żółtooliwkowe	żółte, żółtooliwkc
Borowik żółtopory (s. 72)	jasnoszary	żółte, oliwkowe	żółte, oliwkowe
Borowik purpurowy	białożółtawy, żółtobrązowawy, różowawy; pod naciskiem siny	żółte, oliwkowożółte	żółte, oliwkowe, czerwone
Borowik szatański	szary	żółtoczerwone, czerwone, oliwkowożółte	czerwone, oliwkc
Borowik LeGalovej	jasnobrązowy, brązowooliwkowy, brązowy; przy brzegu różowoczerwony; skórka czasem poletkowato spękana na żółtym tle	żółte, oliwkowożółte	czerwone, czerwonopomara
Borowik korzeniasty	białoszary, żółtoszarobrązowawy	żółte, ochrowożółte, na przekroju sinieją	żółte, ochrowożółte
Borowik płowy	żółtoszary, żółtoszarobrązowy; uszkodzony rdzawobrązowy	żółte, oliwkowożółte	żółte, oliwkowożółte
Borowik żółtobrązowy (s. 17)	brązowy, pod naciskiem rudy	żółte, oliwkowe	żółte, oliwkowe, brązowawe
Borowik górski	żółtobrązowy, czerwonobrązowy	żółte, oliwkowożółte	żółte, oliwkowoż
Borowik królewski (s. 14)	różowy, żółtoróżowy, czerwonawy	żółte, oliwkowe	żółte, oliwkowe
Borowik wilczy	szary	żółte, oliwkowe	czerwone
Borowik ponury (s. 15)	oliwkowy, zgniłobrązowy, żółtopomarańczowy, żółtoszary	oliwkowe; na przekroju zielenieją	czerwone, żółtor we, oliwkowe
B. ceglastopory (s. 56)	brązowy, oliwkowobrązowy, żółtobrązowy	żółte, oliwkowe	żółte, ceglastocze
Borowik rudopurpurowy	czerwonożółty, przy brzegu czasem szarawy; uszkodzony sinieje	żółte, na przekroju niebieszczeją	żółte, czerwone
Borowik gładkotrzonowy	ochrowożółty, brązowy, czerwonobrązowy, ceglasty; pod naciskiem siny	żółte, ochrowożółte, na przekroju sinozielenieją	pomarańczowe, oliwkowe
Borowik sosnowy	czerwonobrązowy, ciemnobrązowy	białawe, oliwkowożółte	białawe, oliwkow te,, żółtobrązow
Borowik usiatkowany (s. 16)	brązowy, czasem poletkowato spękany na białawym tle	białawe, oliwkowe	białawe, oliwkow
Borowik szlachetny (s. 15)	białobrązowy, brązowy, ochrowobrązowy, czerwonobrązowy	białawe, żółtooliwkowe	białawe, żółtooliwkowe

Pory pod naciskiem	Trzon	Powierzchnia trzonu	Miąższ na przekroju
niebieskozielone	żółty	z brązowym rysunkiem	siny
nieznacznie sine	białawożółty, czasem z brązowymi przebarwieniami	od góry brązowordzawo ziarnista lub siateczkowata, od dołu podłużnie bruzdkowana lub gładka	nieznacznie siny
sine	żółtopomarańczowy, ku górze brązowoczerwonawy	z podłużnymi włókienkami	w trzonie czasem lekko niebieskawy
niezmienne	żółtoochrowy, kremowocielisty	włóknista, czasem z delikatnym brązowym rysunkiem	niezmienny
sine	od góry żółty, od dołu czerwonawy lub zielonawy	drobno kosmkowata, pod naciskiem lekko błękitnieje	lekko błękitnieje
sine	brudnożółtobrązowy, od góry żółty, od dołu czerwony	podłużnie włóknista	sinieje
niebieskozielone	żółty na końcach, czerwony na środku	czerwono punktowana; lekko błękitnieje pod naciskiem	czasem błękitnieje
czarnoniebieskie	od góry cytrynowożółty, od dołu brązowoczerwonawy; pod naciskiem czarnoniebieski	ziarenkowato-kosmkowata	ciemnoniebieski, czarnoniebieski
niebieskozielone	żółty, od dołu różowoczerwony	od góry z czerwoną siateczką	siny
sine	od góry żółty, od dołu lub cały czerwony	z siateczką od góry białawą a od dołu jasnoczerwoną	błękitny
sine	od góry żółty, od dołu czerwony; pod naciskiem sinieje	z czerwoną siateczką	siny
nieznacznie sine	żółty	od góry lub cała z czerwoną siateczką	nieznacznie siny
sine	żółty	z czerwoną siateczką	sinozielony
sine	żółty, od dołu lekko brązowawy i czasem czerwono plamisty	od góry z delikatną siateczką	siny
niezmienne	żółty, szarożółty, u podstawiy różowawy	chropowato ziarnista, jedwabisto włóknista	niezmienny
błękitne	żółty	w młodości z zółtą siateczką	błękitny
niezmienne	żółty, od dołu ochrowobrązowawy	z delikatną zanikającą siateczką	niezmienny
czasem lekko siniejące	żółty	często z czerwonymi plamami; u dołu czasem różowawa; pokryta zwłaszcza u góry delikatną żółtą siateczką	czasem lekko błękitnieje
mocno sine	żółty	czasem delikatnie czerwono nakrapiana	niebieski
mocno błękitne	żółty, rdzawy, u dołu brudnoczerwonawy	z czerwoną siateczką	niebieskozielony, szarozielony
błętitne	żółty, czerwony	od dołu czerwone ziarenka na jasnym tle	błękitny
sine	czerwony, u góry żółty; pod naciskiem niebieski	od góry z żółtawą lub czerwoną siateczką	ciemnoniebieski
sine	od góry żółty, od dołu czerwony	delikatnie ziarnista	siny
niezmienne	jasnobrązowy, czerwonobrązowy	z niewyraźną siateczką od góry białawą a od dołu brązowawą	niezmienny
niezmienne	jasnobrązowy	z wyraźną siateczką na całej wysokości, za młodu jasną a z wiekiem ciemną	niezmienny
niezmienne	białawy, cielisty, brązowawy	czasem od góry z delikatną brązową lub cielistą siatką	niezmienny

Czubajki

Jeżeli widzimy **blaszkowy, białawo-brązowawy owocnik o cienkim trzonie**, z kapeluszem **usłanym łuseczkami i z ciemnym garbkiem**, a trzon posiada **bulwiastą podstawę** (lecz bez pochwy, która jest charakterystyczna dla trujących muchomorów i bez wełnistych kosmków, po jakich poznać można trujące czubajeczki) i **przesuwalny pierścień** (nieruchomy u muchomorów), możemy wstępnie przyjąć, że mamy do czynienia z którąś spośród czubajek*. O ile średnica kapelusza wyraźnie przekracza 10 cm, sprawa jest prosta – znaleźliśmy czubajkę kanię (pozostałe podobne gatunki mają kapelusz o średnicy rzadko i nieznacznie przekraczającej 10 cm, gdy średnica kapelusza kani dochodzi do 30cm!). Jednak przy mniejszych owocnikach sprawa się komplikuje – możliwości pomyłki z innymi jadalnymi „kaniopodobnymi" o niezmiennym miąższu** jest sporo, dlatego też pomocna może się okazać poniższa tabela, wyszczególniająca podobieństwa i różnice pomiędzy najbardziej podobnymi gatunkami, z którymi może się spotkać czytelnik.

	Łuski na kapeluszu:	Garbek na kapeluszu:	Pierścień:	Trzon poniżej pierścienia:	Występowanie:	Inne cechy:
Czubajka kania (s. 18)	duże, ułożone dachówkowato, ku obwodowi drobniejsze	tępy, bro - dawkowaty	podwójny, duży, przesuwalny	zygzakowato spękany na drobne, ciemne łuseczki	lasy liściaste (rzadziej iglaste) i poza lasem	duże rozmiary
Czubajka sutkowata (s. 19)	przeważnie drobne, nieznacznie dachówkowate	wyraźny, często sutkowaty	pojedynczy, przeważnie słabo przesuwalny	gładki lub pokryty drobnymi brązowawymi łuseczkami i spękaniami, układającymi się we wzór pierścieni	lasy liściaste i poza lasem	kapelusz słabo łuseczkowaty, czasem niemal jednolicie beżowy z drobnymi spękaniami
Czubajka sadzowata:	duże, brązowe, ku obwodowi drobniejsze	brodawkowaty	pojedynczy, słabo przesuwalny; lejkowato wzniesiony; od góry brązowawo nakrapiany, od dołu białawy lub brązowawy, na brzegu kłaczkowaty	gładki lub nakrapiany drobnymi brązowymi łuseczkami	lasy liściaste (czasem sosnowe) i poza lasem	miąższ w trzonie na przekroju słabo różowieje, brzeg kapelusza bywa gwiaździście spękany
Pieczareczka żółknąca:	duże, białe do brązowych	niski	przesuwalny, watowaty	gładki, nagi	lasy świerkowe	miąższ w trzonie na przekroju słabo czerwienieje

*Zamieszanie taksonomiczne w tej grupie jest spore – wprawdzie dawna czubajka kania pozostaje czubajką kanią, jednak np. czubajka beżowa stała się synonimem czubajki sutkowatej, czubajka gwiaździsta winna być nazywana czubajką sadzowatą, a dawna czubajka żółknąca jest obecnie klasyfikowana jako pieczareczka żółknąca.

** Pominięto, również podobną, czubajkę czerwieniejącą, którą od pozowyższych gatunków wyróżnia główna cecha: miąższ czerwieniejący na przekroju. Jest ona jadalna, choć u niektórych osób może powodować niedyspozycje żołądkowe (wprawdzie zawsze istnieje ryzyko indywidualnej nietolerancji – jednak tutaj jest ono stosunkowo wysokie). Z uwagi na możliwość pomyłki z podobnymi trującymi gatunkami pokrewnymi, nie zaleca się zbierania owocników o czerwieniejącym miąższu przez początkujących grzybiarzy.

Koźlarze

Zapewne większość grzybiarzy już na pierwszy rzut oka potrafi rozpoznać „kozaka" – białoszary **łuseczkowaty trzon**, białoszare pory, białoszary miąższ, **kapelusz matowy** i suchy w różnych odcieniach pomarańczowego lub brązowego, **rurki łatwo oddzielne od miąższu** oraz charakterystyczny **smukły kształt trzonu zwieńczonego półkulistm kapeluszem** z brązowym odciskiem. Problemy zaczynają się, gdy trzeba zidentyfikować konkretny gatunek. Wprawdzie wszystkie koźlarze są jadalne po obróbce termicznej (**na surowo mogą być silnie trujące!**), jednak dociekliwy grzybiarz bez trudu może się pokusić o precyzyjne oznaczenie – zwłaszcza, że są to grzyby ściśle przypisane do konkretnego gatunku drzewa, bez którego towarzystwa nie występują.

Wyróżnia się kilkadziesiąt gatunków i odmian koźlarzy, z czego jedenaście najpopularniejszych prezentujemy w poniższym porównaniu. Są to gatunki pozornie łatwe do pomylenia, które jednak posiadają wystarczająco charakterystyczne cechy, aby w prosty sposób oznaczyć każdy z nich.

Warto dodać, że żaden gatunek koźlarza nie znajduje się w Polsce pod ochroną.

	Drzewo towarzysz.:	Kapelusz:	Łuseczki na trzonie:	Miąższ na przekroju:	Pory pod naciskiem:
Koźlarz pomarańczowożółty (s. 28)	brzoza	pomarańczowożółty, pomarańczowy, pomarańczowoczerwony	drobne; szare lub czarne	fioletowoszary, potem szaroczarny	niezmienne lub ciemnobrązowe.
Koźlarz czerwony (s. 27)	osika, dąb	pomarańczowoczerwony, ceglastoczerwony; przy brzegu żółte plamki.	białe, później rdzawobrązowe lecz nigdy czarne!	szaroróżowy, potem szarofioletowy, fioletowoczarny	oliwkowobrązowe
Koźlarz świerkowy	świerk	pomarańczowordzawy, czerwonopomarańcz., czerwonobrązowy	białe, czerwonopomarańczowe do czarniawych	w okolicy rurek siworóżowy, w trzonie stalowy do czerwonawego	
Koźlarz sosnowy	sosna	pomarańczowobrązowy	białe, potem szare, brązowe, czerwonobrązowe do czarniawych	szaroróżowy, szarofioletowy potem czarniawy	
Koźlarz topolowy	osika	szarobrązowy, czerwonoszary do ciemnobrązowego	za młodu białe, potem brązowe lub czarniawe	różowy, potem szary a w końcu czarny	brązowe
Koźlarz różnobarwny	brzoza	szarooliwkowy, szarobrązowy z odcieniami czerni, czasem zielonkawy	brązowoczarne; trzon czasem zielonkawy	początkowo niezmienny, po dłuższym czasie różowawy w kapelusz i żółtozielony w trzonie	brązowe
Koźlarz babka (s. 26)	brzoza	brązowy	brązowoczarne, czarne	niezmienny, rzadko różowiejący i siwiejący	niezmienne
Koźlarz bruzdkowany	dąb, buk, grab	oliwkowożółty, żółtobrązowy do jasnobrązowego; z wiekiem skórka pęka na kształt mozaiki	czarne	różowy, fioletowy, potem czarny	brązowe lub czarne
Koźlarz czarny (s. 27)	brzoza	ciemnobrązowy do czarnego	czarne	niezmienny	
Koźlarz grabowy (s. 28)	grab, leszczyna	żółtobrązowy, szarobrązowy, oliwkowobrązowy do czarnobrązowego; jamkowaty, nierówny, często spękany	brązowe, czarniawe	brudnoróżowy, fioletoszary a potem czarny	siwobrąz. lub czarne
Koźlarz białawy (s. 26)	brzoza	biały, czasem siwozielonkawy lub lekko ochrowy	białe do jasnobrązowych z odcieniem zieleni	niezmienny, czasem różowiejący lub szarzejący	

Maślaki

Wśród grzybów posiadających **rurki pod kapeluszem**, maślaka od borowika odróżnia przeważnie drobniejsza budowa i smuklejszy trzon, od koźlarza – mniej pokaźny wzrost i kapelusz o średnicy zazwyczaj większej od grubości trzonu, a od podgrzybków i wszystkich wyżej wymienionych rodzajów – przeważnie **mazisty**, **lepki kapelusz** oraz **pierścień** (**lub ślad po nim**) **na trzonie**. Występowanie poszczególnych gatunków ściśle uzależnia **towarzyszące im drzewo iglaste**. Wszystkie maślaki są jadalne, choć cztery najrzadsze gatunki znajdują się pod ochroną (dęty, trydencki, błotny i syberyjski). Przed przyrządzeniem i spożyciem, warto usunąć z kapelusza śluzowatą skórkę lub chociaż sam ciężkostrawny śluz (by się go pozbyć, moczy się zebrane owocniki przez kilka – kilkanaście godzin w 8-10% roztworze wody z solą, po czym opłukuje i przystępuje do dalszej obróbki). U niektórych osób występują problemy żołądkowe nawet po spożyciu owocników pozbawionych skórki, należy więc zachować umiar przy pierwszym spożyciu. Poniższa tabela uwzględnia osiem najpopularniejszych w Polsce gatunków – z pominięciem maślaka dętego (s. 36), gdyż odróżnia się od wszystkich pozostałych maślaków pustym trzonem. Z maślakami mogą być też mylone maślaczki, które osiągają skromniejsze rozmiary i są drobniejsze.

	Drzewo tow.:	Kapelusz:	Pierścień:	Miąższ na przekroju:	Pory/pod naciskiem:	Skórka:	Inne cechy:
Maślak żółty (s. 57)	modrzew	żółty, żółtoczerwonawy, żółtobrązowawy; na mokro śluzowaty; brudzi na rdzawo	rdzawy	różowieje	żółte/liliowe, brązowe	łatwo oddzielna	lekko stożkowaty wierzchołek kapelusza
Maślak trydencki (chroniony)	modrzew	szarobrązowy, czerwonobrązowy; kleisty, śliski, z drobnymi przylegającymi łuseczkami	białawożółtawy, zanikający	stopniowo ciemnieje, czasem czerwienieje	pomarańczowożółte/ czerwonobrązowe	oddzielna	
Maślak szary (s. 58)	modrzew	brudnoszary; nieco lepki, błyszczący	nietrwały, cienki, poszarpany	nieznacznie zielenieje	szarawe, brązowawe/ czerwone	oddzielna	garbek na środku kapelusza
Maślak pstry (s. 37)	sosna, modrzew, jodła	szarożółty; suchy, usłany drobnymi kosmkami	brak	nieznacznie błękitnieje	szarożółte, rdzawooliwkowe/błękitne	trudno oddzielna	
Maślak sitarz (s. 37)	sosna	skórzastożółtawy, pomarańczowobrązowy, czerwonawy; na mokro lepki, na sucho błyszczący	brak	miejscami nieznacznie błękitnieje	szarożółte/ niezmienne	oddzielna płatami, zwłaszcza przy brzegu	wyrasta kępkami o zrośniętych kapeluszach lub trzonach
Maślak ziarnisty	sosna	ochrowobrązowawy; na mokro lepki, na sucho błyszczący	brak	niezmienny	żółtawozielonkawe/niezmienne	łatwo oddzielna	rurki starych owocników wydzielają mleczne kropelki, które pozostawiają brązowe plamki po wyschnięciu
Maślak zwyczajny (s. 58)	sosna, rzadziej: modrzew, jodła, świerk	ochrowobrązowy; na mokro lepki, na sucho błyszczący	jeśli jest, to lejkowato wzniesiony, bladofioletowoszary	niezmienny	żółte/niezmienne	łatwo oddzielna	
Maślak rdzawobrązowy	sosna	rdzawobrązowy; lepki, pokryty ciemniejszymi wrośniętymi łuseczkami	brak	niezmienny	żółte, żółtawooliwkowe/brązowe	łatwo oddzielna	podstawa trzonu pokryta jest różowymi fragmentami grzybni

Klucz do oznaczania muchomorów - patrz str. 68.

Opieńki

Opieńki charakteryzują się drobno łuseczkowatymi kapeluszami o białawych blaszkach i jasnym odcisku (trujące łysiczki i hełmówki mają ciemny odcisk kapelusza); rosną kępkami na drewnie. Młode kapelusze wszystkich opieniek są jadalne, choć ciężkostrawne: przez 5-15 minut obgotowuje się je więc w temperaturze co najmniej 60°C, a potem przystępuje do właściwej (lecz dłuższej, niż standardowo) obróbki termicznej.

	Drzewa towarzyszące:	Kapelusz:	Łuseczki na kapeluszu:	Trzon:	Pierścień:	Podstawa trzonu:	Blaszki:
pieńka iodowa łaściwa	liściaste	żółtawo-brązowawy z ciemniejszym środkiem	za młodu żółtawe i tylko na środku, wkrótce całkowicie zanikają	w młodości łuskowaty, potem nagi	trwały, od spodu pokryty żółtymi kosmkami	wydłużona, cienka, długo zaostrzona	białe
pieńka emna . 59)	głównie iglaste (zwłaszcza świerk), rzadko liściaste	brązowo-czerwonawy	ciemne, na całym kapeluszu, trwałe	łuskowaty	trwały, z brązowym brzegiem	zgrubiała, krótko zaostrzona	kremowo-białe,cieliste, brązowawe
pieńka łtawa . 59)	głównie liściaste, rzadko iglaste	żółtawy	żółtawe	łuskowaty	nietrwały, z żółtym brzegiem	bulwiasta	białe, różowobrązowawe
pieńka bulo-zonowa	liściaste i iglaste	brązowo-czerwonawy	ciemne, występują jedynie na środku	niemal nagi	słabo wykształcony	bulwiasta	białe, różowawe
pieńka zpier-ieniowa	liściaste (zwłaszcza buk)	brązowawy	ciemne, występują głównie na środku	włóknisty	brak	zwężona	kremowe, brązowe, czerwonawo-brązowe
pieńka łnocna	liściaste i iglaste	brązowawo-czerwonawy, czasem z żółtym lub pomarańczowym odcieniem	jasne, nietrwałe (na starość zanikają)	łuskowaty	trwały, od spodu pokryty ochrowymi lub żółtawymi kosmkami	rozszerzona (lecz nie zawsze)	białe

Rydze (mleczaje)

Rydzami nazywamy potocznie wszystkie jadalne mleczaje z kolistymi pręgami na pomarańczowoczerwonych kapeluszach i z pomarańczowym mleczkiem. Dzielą się jednak na gatunki o zauważalnych cechach charakterystycznych i są ściśle związane z konkretnymi gatunkami drzew iglastych.

	Drzewo tow.:	Pręgi na kapeluszu:	Mleczko:	Jamki na trzonie:	Zielone plamy:	Skórka kapelusza:
leczaj dz . 39)	sosna	ciemne	dopiero po kilkunastu godzinach szarzeje lub zielenieje	przeważnie występują	tylko pod naciskiem	przeważnie ze srebrzystym połyskiem
leczaj vierko-y (s. 40)	świerk	ciemne, lecz nie zawsze występujące	po kwadransie staje się krwiste	nie występują	tworzą się samoistnie	
leczaj dłowy 38)	jodła	jasne i niewyraźne	dopiero po kilku godzinach staje się krwiste	występują	nie występują	
leczaj nienny	sosna	delikatne	już po kilku minutach staje się krwiste	czasem występują	tworzą się samoistnie	z bardzo wyraźnymi zielonymi przebarwieniami
leczaj erwie-ejący	sosna	ciemne	od początku jest krwiste	czasami, lecz nieznaczne; trzon fioletowawy	tworzą się pod naciskiem	ze srebrzystym połyskiem

Muchomory

Słysząc samą nazwę „muchomor" niejeden początkujący grzybiarz sądzi, że chodzi o gatunek trujący – tymczasem to nieprawda. Faktycznie konsumpcja niektórych muchomorów grozi śmiercią, bo są wśród nich gatunki bardzo silnie trujące, lecz istnieje całkiem sporo jadalnych muchomorów, które przy odpowiedniej uwadze i spostrzegawczości można rozróżnić, w czym pomóc może zamieszczona tabela. Zestawiono w niej charakterystyczne cechy 12 najpopularniejszych gatunków muchomorów, z pominięciem m.in. jadalnego muchomora cesarskiego spotykanego w cieplejszych rejonach Europy, jak i muchomorów o białych kapeluszach (gdyż nie ma wśród nich gatunków jadalnych, są za to śmiertelnie trujące). Nie zamieszczono porównania jadalnego muchomora czerwieniejącego z trującym muchomorem szorstkim, gdyż w przypadku muchomora czerwieniejącego czerwieniejący miąższ uniemożliwia pomyłkę z gatunkami podobnymi (cecha ta powinna być kluczową w oznaczaniu tego gatunku). Jeśli nie podano koloru (np. w przypadku łuseczek na trzonie), znaczy to, że są one białe. Pominięto szczegółowy opis faktury bulwiastych trzonów, upraszczając kategorię do dwóch możliwości: trzon o podstawie rozszerzonej w kształt bulwy lub z podstawą prostą, nie rozszerzoną.

Czytelnik, chcący zbierać jadalne muchomory, musi mieć **szczególnie wytężoną uwagę**, a w razie jakichkolwiek wątpliwości – **nie bagatelizować możliwości pomyłki**, która w przypadku muchomorów może mieć wyjątkowo tragiczne konsekwencje. Pamiętać należy, że jeszcze przed zerwaniem grzyba trzeba zwrócić uwagę na **podstawę trzonu**, by nie przeoczyć ważnej cechy rozpoznawczej jaką jest **pochwa**, która często po wykręceniu owocnika pozostaje w ziemi. W przypadku obecności łatek na kapeluszu również należy wiedzieć, że mogą one być zmywane przez deszcz w przypadku gatunków je zazwyczaj posiadających, jak również mogą występować w postaci pojedynczych dużych łusek na gatunkach, które przeważnie ich nie mają, nie może więc to być nigdy kluczowa cecha podczas oznaczania. Również pierścień czasem zanika, a gładki brzeg kapelusza z wiekiem może stać się prążkowany – to wszystko należy mieć na uwadze. Najpierw trzeba więc solidnie zaznajomić się z odpowiednią ilością gatunków w naturze bez ich zbierania, by dopiero po uzyskaniu odpowiedniego obycia z tą grupą grzybów nauczyć się je rozróżniać na podstawie całego zestawu charakterystycznych cech każdego z gatunków.

Kolorem zaznaczono warość kulinarną poszczególnych gatunków (**jadalny**, **trujący**).

	Kapelusz:	Brzeg kapelusza:	Pierścień:	Trzon:	Podst. trzonu:	Pochwa:	Uwagi:
chomor rawy 41)	szary, szarobrązowy; przeważnie bez łatek; z niskim garbkiem	prążkowany	brak	nagi lub zygzakowato usłany białawymi łuseczkami	prosta	z brązowawymi lub szarymi plamami	
chomor awobrą- y 41)	brązowy, niekiedy z odcieniem pomarańczowym; przeważnie bez łatek; z niskim garbkiem	prążkowany	brak	nagi lub usłany drobnymi przylegającymi łuseczkami	prosta	z brązowymi plamami	
chomor awy 42)	żółtopomarańczowy; czasem z pojedynczymi łuskami po osłonie; z niskim garbkiem	słabo prążkowany	brak	zygzakowato usłany żółtopomarańczowymi łuseczkami	prosta	wewnątrz czasem żółta	
chomor kowy	oliwkowobrązowy; bez łatek; przeważnie koncentrycznie usłany przylegającymi włókienkami; z niskim garbkiem lub lekkim wklęśnięciem	prążkowany	brak	usłany drobnymi łuseczkami, czasem układającymi się w zygzakowaty wzorek	prosta	wolna, z rdzawymi plamami, czerwieniejąca po uszkodz.	czarne ostrza blaszek
chomor zowo- kowy	oliwkowobrązowy, szarobrązowy, żółtobrązowy, czerwonobrązowy; bez łatek, lecz z pojedynczą szarobiałą łuską po osłonie; z niskim garbkiem	prążkowany	brak	zygzakowato usłany drobnymi łuseczkami	prosta	pofałdowana	gatunek spotykany wyłącznie w górskich lasach iglastych
chomor wienie- 40)	ochrowobrązowy z czerwonobrązowymi plamami; koncentrycznie usłany stosunkowo drobnymi brązoworóżowymi łatkami	gładki	od góry prążkowany; duży, mocny	usłany drobnymi łuseczkami	bulwiasta	brak	uszkodzony miąższ czerwienieje; blaszki z czasem pokrywają się czerwonymi plamami, a po kwadransie od uszkodzenia brązowieją
chomor rdawy 42)	szary, szarooliwkowy do szarobrązowego; ze stalowym odcieniem; koncentrycznie usłany białymi nietrwałymi łatkami	gładki lub słabo prążkowany	od góry prążkowany; zwieszony, białoszary, nietrwały	powyżej pierścienia prążkowany, poniżej gładki lub usłana łuseczkami	bulwiasta, od dołu korzeniasto zaostrzona	brak	
chomor firowy	fioletowoszary, brązowoszary, brązowoczerwonawy; nieregularnie usłany dużymi nielicznymi łatkami	gładki lub słabo prążkowany	gładki; zwieszony, nietrwały	czasami zygzakowato usłany drobnymi łuseczkami	bulwiasta	brak	
chomor ewski 9)	żółtobrązowy; koncentrycznie usłany białawożółtawymi łatkami	gładki, na starość prążkowany	duży, o żółtym lub brązowym brzegu	usłany kłaczkowatymi ochrowymi resztkami osłony	bulwiasta	brak	
chomor nisty	żółtobrązowy, szarobrązowy, szaroochrowy; koncentrycznie usłany białawymi nietrwałymi łatkami	prążkowany (za wyjątkiem górskiej odmiany)	gładki, na starośc zanikający	usłany wełnistymi łuseczkami lub błyszczący	bulwiasta, od dołu zaokrąglona	gruba, przyrośnięta	
chomor wony 8)	czerwony, niekiedy z odcieniem żółtym lub pomarańczowym; koncentrycznie usłany białymi nietrwałymi łatkami	gładki, na starość prążkowany	gładki; zwieszony; czasem z ząbkowanym brzegiem	usłany nielicznymi łuseczkami	bulwiasta	brak	
homor nawy 9)	białozielonawy, żółtozielonawy, oliwkowy; przeważnie bez łatek; koncentrycznie usłany promieniście wrośniętymi w skórkę ciemniejszymi włókienkami	gładki, jedynie na starość słabo prążkowany	gładki lub słabo prążkowany; zwieszony; na starość zanikający	usłany zygzakowato ułożonymi łuseczkami barwy kapelusza	bulwiasta, od dołu zaokrąglona	wolna, wysoka	

GRZYBY NIEJADALNE I TRUJĄCE

Boczniaczek pomarańczowożółty

Phyllotopsis nidulans

Nazywany też: bedłka gnieźna, boczniak gnieździsty, bedłka gnieździsta.
Występowanie: porasta wiązkami martwe drewno drzew iglastych (głównie świerk, czasem sosna) i rzadziej liściastych, głównie na południu Polski.
Kapelusz: ∅ 3-9 cm, przyrasta bokiem lub środkiem do podłoża; muszlowaty, półokrągły, z wiekiem rozpostarty i nieregularnie pofalowany. Gdy jest wilgotny, przybiera jaskrawy odcień pomarańczowożółtego, a gdy jest suchy, ma bladą ochrowożółtą barwę. Powierzchnia aksamitna, filcowata, pokryta wełnistymi włókienkami; z czasem ciemnieje. Brzeg podwinięty.
Pod kapeluszem: blaszki. **Odcisk kapelusza:** kremoworóżowy, ochroworóżowy.
Trzon: zastąpiony przez wydłużony fragment kapelusza, pokryty białymi kosmkami; kapelusz może też być bezpośrednio przyrośnięty do podłoża.
Miąższ: twardy, cienki, elastyczny; żółtawy; nieprzyjemny mdlący zapach kapusty i łagodny, choć również nieprzyjemny, grzybowy smak.
Cechy charakterystyczne: brak wyraźnego trzonu, pomarańczowe ubarwienie, mechata powierzchnia kapelusza o barwie uzależnionej od poziomu nawilgocenia.
Łatwo pomylić z: krowiak bocznotrzonowy, łycznik późny.
Uwagi: wywołuje brunatną zgniliznę drewna.

Borowik żółtopory

Caloboletus calopus

Nazywany też: borowik grubotrzonowy, goryczak, grzyb grubotrzonowy gorzki, wścieklak.
Występowanie: w lasach liściastych i iglastych pod bukami, świerkami i jodłami, na kwaśnych glebach.
Kapelusz: ∅ 3-20 cm, mięsisty, wypukły z wiekiem do spłaszczonego, matowy, suchy. Koloru jasnoszarego, czasem z odcieniem beżowym i oliwkowym. Brzeg stosunkowo długo podwinięty, ze skórką schodzącą poniżej rurek.
Pod kapeluszem: rurki żółte, pod naciskiem sine. **Odcisk kapelusza:** brązowooliwkowy.
Trzon: pełny, zgrubiały w dole (rzadko cylindryczny). W dolnej części czerwony (rzadziej na całej wysokości), w górnej żółty, u góry pokryty białawą siateczką (w dolnej części – jasnoczerwoną).
Miąższ: jędrny, gruby, białoszary, przy trzonie brudnoróżowy. Na przekroju przebarwia się na niebiesko. Smak łagodny, po chwili gorzki; zapach słaby.
Cechy charakterystyczne: żółte pory rurek, dwukolorowy trzon, miąższ przebarwiający się na przekroju.
Łatwo pomylić z: borowik purpurowy, borowik korzeniasty, borowik szatański (śmiertelnie trujący, pod ochroną).

Gąska bukowa

Tricholoma ustale

Nazywany też: gąska ogorzała.

Występowanie: w lasach mieszanych i liściastych (głównie pod bukami), na glebach wapiennych, przeważnie rośnie grupami lub kępkami; częsta.

Kapelusz: ∅ 3-12 cm, w młodości wypukły, czerwonobrązowy, potem rozpostarty z nieznacznym garbkiem, kasztanowobrązowy, czasem z nieznacznym odcieniem oliwkowym, w centralnej części ciemniejszy, na ostrym długo podwiniętym brzegu jaśniejszy. Początkowo mocno pokryty śluzem, z wiekiem sucho połyskujący; bez strefowań, gładki.

Pod kapeluszem: gęste blaszki. **Odcisk kapelusza:** biały.

Trzon: równogruby, czasem szerszy u dołu, sztywny, elastyczny. Za młodu pełny, wkrótce pusty; jaśniejszy odcień barwy kapelusza, pokryty drobnymi czerwonawobrązowawymi włókienkami i kosmkami, w górnej części białawy. Powierzchnia sucha, brak pierścienia.

Miąższ: biały do kremowego, w dole trzonu czerwonobrązowy. Czasem nieco czerwieniejący lub brązowiejący na przekroju. Zapach słabo mączny, smak łagodny do gorzkiego.

Cechy charakterystyczne: brak pierścienia i gładki, nie wzorzysty kapelusz.

Łatwo pomylić z: gąska żółtobrunatna, gąska topolowa, gąska gorzkawa.

Uwagi: okazy stare lub zasuszone czasem zupełnie czernieją.

Gąska krowia

Tricholoma vaccinum

Występowanie: stosunkowo częsta i gromadnie rosnąca na glebach wapiennych na południu Polski, w lasach iglastych i liściastych, głównie pod świerkami.

Kapelusz: ∅ 3-9 cm, za młodu stożkowato-dzwonkowy, z wiekiem rozpościerający się, z tępym garbkiem i podwiniętym kosmato obwieszonym brzegiem. Kolor czerwonobrązowy w jaśniejszych lub ciemniejszych odcieniach. Skórka sucha, filcowata, usiana włóknistymi łuseczkami.

Pod kapeluszem: stosunkowo szeroko rozstawione blaszki. **Odcisk kapelusza:** biały.

Trzon: gruby, walcowaty, początkowo pełny, szybko pusty i łamliwy, u góry białawy. Powierzchnia sucha, pokryta podłużnymi włókienkami i drobnymi kosmkami, w jaśniejszych odcieniach barwy kapelusza, u góry biaława, u dołu jasnoczerwonobrązowa.

Miąższ: stosunkowo jędrny, w kapeluszu białawy, różowawy, na starość brązowiejący, w trzonie ciemniejszy. Zapach ziemisto-mączny, smak gorzki.

Cechy charakterystyczne: postrzępiony brzeg kapelusza ze zwisającymi płatkami, kapelusz wyraźnie się łuszczący, gorzki smak.

Łatwo pomylić z: gąska dachówkowata.

Uwagi: gatunek bywa czasem mylony z opieńką – należy zwrócić na to uwagę podczas kupowania grzybów od ulicznych sprzedawców.

Gęstoporek cynobrowy

Pycnoporus cinnabarinus

Nazywany też: huba cynobrowa, wrośniak cynobrowy, żagiew cynobrowa.

Występowanie: w lasach, sadach i zaroślach na martwym drewnie drzew liściastych (brzoza, buk, topola, czereśnia, wiśnia), bardzo rzadko iglastych.

Kapelusz: ∅ 2-8 cm, gatunek ten wykształca kapelusze półkoliste, czasem dachówkowate lub zrastające się ze sobą, do rozpostarto-odgiętych, przyrośnięte do podłoża bez pośrednictwa trzonu. Powierzchnia bardzo słabo pręgowana, za młodu meszkowata, z wiekiem naga, nierówna, gładka lub drobno pomarszczona, z czasem odbarwiająca się. Brzeg przeważnie cienki i ostry, po zimie brązowoczerwony.

Pod kapeluszem: rurki nieco jaśniejsze od miąższu. **Odcisk kapelusza:** biały.

Miąższ: za młodu miękki, gąbczasty, z wiekiem miękko-korkowaty i elastyczny. Barwy zbliżonej z powierzchnią owocnika, popręgowany na przekroju poprzecznym naprzemiennie jaśniejszymi i ciemniejszymi pasami, wzdłuż których da się go rozrywać na kłaczkowato-włókniste fragmenty.

Cechy charakterystyczne: pomarańczowo-czerwone ubarwienie, jaskrawe zwłaszcza u świeżych owocników. To jedyny gęstoporek, występujący w Europie.

Łatwo pomylić z: miękusz rabarbarowy ma bledsze owocniki i jest trujący.

Uwagi: powoduje niezbyt intensywną, białą lub pomarańczowawą, płytko sięgającą zgniliznę drewna. Autor spotyka często w bieszczadzkich bukowych lasach owocniki z jaśniejszym lub niemal białym brzegiem.

Gnojanka żółtawa

Bolbitius titubans

Nazywana też: gnojanka chwiejna, gnojanka krucha.

Występowanie: bezpośrednio na ziemi lub na kawałkach drewna, na terenach żyznych, bogatych w obornik i szczątki roślinne, na łąkach i w lasach; pospolita.

Kapelusz: ∅ 1-6 cm, za młodu jajowaty, z wiekiem wypukły do płasko rozpostartego i promieniście spękany, pofałdowany. Cieniutki, błoniasty, śluzowaty, gładki, błyszczący, nieco włóknisty. Złotożółty, żółtozielonkawy lub oliwkowożółty, na starość biało wyblakły. Brzeg u młodych owocników jest na tyle przeźroczysty, że blaszki widoczne pod spodem tworzą na powierzchni kapelusza wrażenie promienistych pręg.

Pod kapeluszem: bardzo cienkie i stosunkowo gęste blaszki.

Odcisk kapelusza: rdzawobrązowy.

Trzon: długi, smukły, łamliwy, rurowaty; biały, żółtawy (wyraźniej przy szczycie), pokryty białawymi kosmkami.

Miąższ: cieniusieńki, żółtawy, bezwonny, o nieokreślonym smaku.

Cechy charakterystyczne: najcharakterystyczniejszą cechą tego gatunku jest... jego ogromna zmienność (w ubarwieniu, masywności owocników i ich rozmiarach). Wygląd jest tutaj bezpośrednio uzależniony od żyzności podłoża.

Gołąbek agrestowy

Russula queletii

Nazywany też: gołąbek Quéleta.
Występowanie: częsty w iglastych lasach górskich, na glebach wapiennych, pod sosnami i świerkami; rzadszy na kwaśnych glebach nizinnych.
Kapelusz: ∅ 8-10 cm, twardy lecz kruchy, raczej cienki, za młodu wypukły, półkolisty, szybko staje się rozpostarty z wklęsłością w centralnej części (czasem z wyraźnym garbkiem). W odcieniach purpury, fioletu i brązu, czasem winnoczerwony. Z wiekiem jaśnieje, mogą pojawiać się barwne plamy. Pod wpływem deszczu czasem blednie do białoszarego (zwłaszcza na brzegu), nawet zielonkawego odcienia. Krawędź za młodu słabo ostra, na starość tępa, czasem falista, gładka, stopniowo karbowana. Skórka pod wpływem wilgoci jest błyszcząca i lepka, podczas suszy matowa; można ją zedrzeć najwyżej do połowy promienia kapelusza.
Pod kapeluszem: białawe, za młodu gęste, z czasem rzadsze blaszki. **Odcisk kapelusza:** kremowy.
Trzon: masywny, lecz kruchy i łamliwy. Jasnokarminowy, miejscami brudno winny, z czasem blednie miejscami do kremowego. Walcowaty, często pękaty w środkowej części, pełny, z czasem watowaty. Powierzchnia gładka.
Miąższ: biały, niezmienny, pod skórką kapelusza i trzonu czerwonawy, stosunkowo jędrny, ścisły, mocny, z wiekiem łamliwy do miękkiego. Słaby zapach kompotu z jabłek i gruszek, smak mocno piekący i gorzki.
Cechy charakterystyczne: trzon w bledszym odcieniu koloru kapelusza oraz białe blaszki.
Łatwo pomylić z: gołąbek czerwonofioletowy (niejadalny) ma cytrynowe blaszki.

Gołąbek śmierdzący

Russula foetens

Nazywany też: serojeszka śmierdząca.
Występowanie: wśród traw w lasach iglastych i liściastych; pospolity.
Kapelusz: ∅ 7-17 cm, kulisty do wklęsłego; ochrowobrązowy do rudego. Brzeg podgięty, śluzowaty, karbowany z dużymi gruzełkami po stronie grzbietu blaszek. Skórka mocno śluzowata, błyszcząca po wyschnięciu, oddzielna do połowy.
Pod kapeluszem: stosunkowo rzadkie, dość grube blaszki. **Odcisk kapelusza:** kremowy.

Trzon: łamliwy, w młodości biały, szybko uzyskuje barwę kapelusza, o matowej powierzchni, czasem przy kapeluszu drobnoziarnisty. Równej grubości lub nieznacznie szerszy w środkowej części. Początkowo pełny, wcześnie staje się watowaty, komorowaty lub całkowicie pusty.
Miąższ: jędrny, w centralnej części stosunkowo gruby, przy brzegu cienki i nieco śluzowaty. Biały lub białawy, tuż pod skórką żółtobrązowy. Posiada silny, nieprzyjemny, mdlący zapach i bardzo ostry smak.
Cechy charakterystyczne: charakterystyczny gatunek z rudawym kapeluszem, komorowatym trzonem, o mdlącym zapachu i ostrym smaku.
Nieznacznie podobne są: gołąbek przykry, gołąbek gorzkomigdałowy.
Uwagi: gatunek czasami uznawany za nadający się do kiszenia po wymoczeniu.

NIEJADALNE

d. Goryczak purpurowozarodnikowy
Grzybiec purpurowozarodnikowy
Porphyrellus porphyrosporus

Nazywany też: goryczak purpurowozarodnikowy.
Występowanie: na kwaśnych glebach piaszczystych w lasach iglastych i mieszanych pod świerkami, jodłami, sosnami i bukami, głównie na południu Polski.
Kapelusz: ∅ 4-16 cm, gruby, mięsisty, wypukły, z wiekiem spłaszczony. Szary, szarooliwkowy, oliwkowobrązowy do ciemnobrązowego, czasem z jaśniejszymi plamami; uciśnięty ciemnieje. Brzeg początkowo podgięty, potem odstający. Skórka sucha, lekko zamszowa, podczas suszy pękająca na drobne poletka.
Pod kapeluszem: rurki, pod uciskiem zieleniejące, a następnie czerwieniejące lub czerniejące. **Odcisk kapelusza:** purpurowobrązowy.
Trzon: pełny, twardy, koloru kapelusza; ciemniejący pod naciskiem. Bulwiasty do cylindrycznego, zamszowy. Pokryty wzorkiem ciemniejszym od skórki. Podstawa biała, filcowata.
Miąższ: twardy, biały, z wiekiem miękki i żółtawy. Na przekroju barwi się na błękitnozielonkawo, potem brązowoczarniawo. W trzonie włóknisty. Smak łagodny, ziemisty, lecz niekiedy ostry, nieprzyjemny. Zapach stęchlizny lub kwaskowy.
Cechy charakterystyczne: jest łatwy do rozpoznania po charakterystycznym brązowym ubarwieniu całego owocnika (kapelusz, rurki, trzon), białej podstawie trzonu oraz purpurowym wysypie zarodników.

Goryczak żółciowy
Tylopilus felleus

Nazywany też: szatan*, borowik żółciowy, podgrzybek gorzki.
Występowanie: w lasach liściastych i iglastych pod sosnami i świerkami, na stosunkowo wilgotnych piaszczystych glebach ubogich w wapń, na ziemi, rzadko na pniach. Stosunkowo częsty, miejscami pospolity.
Kapelusz: ∅ 5-15 cm, rzadziej do 20 cm, półkulisty do rozpostartego; brązowy, brązowoczerwonawy, sarniobrązowy, czasem na środku ciemniej plamisty. Zamszowy i matowy do gładkiego i błyszczącego. Suchy, na wilgotno nieco lepki. Skórka trudno oddzielna.
Pod kapeluszem: rurki białe do różowych, pod naciskiem brązowe. **Odcisk kapelusza:** jasnoróżowy, cielistoróżowy, różowobrązowy.
Trzon: pełny, maczugowaty lub cylindryczny; w kolorze bledszym niż kapelusz, ku górze jaśniejszy. Co najmniej w połowie pokryty ciemną siateczką, przeważnie grubą, o wydłużonych oczkach.
Miąższ: jędrny, biały, w zielonkawym odcieniu tuż trzy trzonie, pod skórką brązowawy, nad rurkami białawy. Delikatnie różowieje na przekroju. Zapach przyjemny choć prawie niewyczuwalny; smak początkowo czasem łagodny, po chwili wyraźnie gorzki i piekący.
Cechy charakterystyczne: gorzki smak; u dojrzałych owocników różowe pory rurek i ciemna siatka na trzonie; różowiejący miąższ.
Łatwo pomylić z: borowik szlachetny, borowik usiatkowany, borowik sosnowy.
Uwagi: *przez grzybiarzy nazywany potocznie „szatanem", choć z bardzo rzadkim trującym borowikiem szatańskim (który posiada kapelusz szary z zielonkawo-żółtawym odcieniem i żółty trzon) nie ma nic wspólnego.

Hełmik okrągławy

Cudonia circinans

Występowanie: wyrasta licznymi grupami na opadłych igłach, w borach iglastych, głównie w górskich lasach świerkowych.

Główka: ∅ 0,5-3 cm, kulista lub lekko spłaszczona, z nieznacznym wgłębieniem na środku, brzeg silnie podwinięty. Blada, kremowa, żółtoochrowa, czerwonoochrowa lub cielistoróżowawa.

Trzon: długi, czasem nieco spłaszczony, barwy kapelusza lub ciemniejszy, szarofioletowy, u podstawy czasem czerwonawobrązowy lub bladoliliowy.

Miąższ: jędrny, w kapeluszu trochę chrząstkowaty; bezwonny; smak łagodny.

Cechy charakterystyczne: woskowato-żelowata struktura i różowawo-ochrowe ubarwienie.

Łatwo pomylić z: patyczka lepka.

Łysak wspaniały

Gymnopilus junonius

Nazywany też: łuszczak wspaniały, łuskwiak wspaniały, bedłka wspaniała.

Występowanie: wyrasta kępkami w lasach liściastych i mieszanych, a czasem poza lasem, na żywym lub martwym drewnie drzew liściastych (dąb), rzadziej iglastych (sosna), na kłodach, pniach i korzeniach; stosunkowo rzadki.

Kapelusz: ∅ 6-25 cm, w młodości półkulisty, z wiekiem wypukły do rozpostartego; żółtobrązowawy, rdzawo-żółtawy; zamszowy, suchy, pokryty włóknistymi wrośniętymi łuseczkami; brzeg podwinięty tylko początkowo.

Pod kapeluszem: stosunkowo gęste blaszki. **Odcisk kapelusza:** rdzawobrązowy.

Trzon: walcowaty, czasem maczugowaty, z rozszerzoną podstawą. Jaśniejszy od kapelusza, żółtopomarańczowy a ku dołowi ciemniejący, drobno pokryty brązowymi kosmyczkami. Przy kapeluszu wyraźna błoniasta osłona częściowa, pozostawiająca po sobie stosunkowo trwały pierścień.

Miąższ: mięsisty, twardy, w kapeluszu gruby, żółty do żółtopomarańczowego, o przyjemnie grzybowym zapachu lecz mocno gorzkim smaku.

Cechy charakterystyczne: pierścień na trzonie posiadającym korzeniasto rozszerzoną podstawę, drobne łuseczki wrośnięte w kapelusz.

Łatwo pomylić z: łuskwiak nastroszony (niejadalny) ma łagodny smak.

Łysiczka ceglasta

Hypholoma lateritium

Nazywana też: maślanka ceglasta, bedłka ceglasta, strzępka ceglastawa, płomiennica rozpostarta.
Występowanie: wyrasta kępkami na rozkładającym się drewnie drzew liściastych (dąb, buk) oraz na ściółce; pospolita.
Kapelusz: ∅ 3-12 cm, mięsisty, za młodu półkulisty do dzwonkowatego, z wiekiem wypukły do rozpostartego; z garbkiem. Środek ceglastoczerwony, brzeg bledszy i żółtawy. Gładki, suchy, na brzegu początkowo usłany żółtozielonymi łuseczkami (resztki osłony).
Pod kapeluszem: blaszki żółtawe do oliwkowoczarnych. **Odcisk kapelusza:** oliwkowobrązowy.
Trzon: początkowo pełny, potem pusty; cylindryczny, wygięty. U góry białawożółtawy, u dołu rdzawobrązowy; gładki, nagi; słaby pierścień w postaci ciemnej smugi szybko zanika.
Miąższ: niezmienny; w kapeluszu białożółtawy, w podstawie trzonu brązowawy. Bezwonny lub o nieprzyjemnym zapachu, smak łagodny lub gorzki.
Cechy charakterystyczne: kapelusz z pomarańczowym środkiem i żółtym brzegiem, przeważnie gorzki miąższ, występowanie na drewnie drzew liściastych.
Łatwo pomylić z: łysiczka trująca, łysiczka łagodna, łuskwiak szafranowoczerwony.

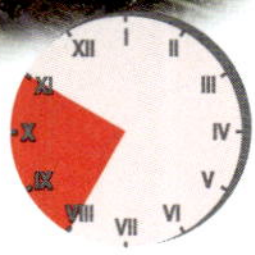

Maczużnik główkowaty

Tolypocladium capitatum

Występowanie: w lasach, pozornie na ziemi, faktycznie na podziemnych owocnikach jeleniaków.
Główka: ∅ 3-9 cm, za młodu równo kulista do jajowatej, potem nieregularnie kulista, z wiekiem głęboko pofałdowana, stożkowato się zwężająca od połowy wysokości do szczytu. Jasnobrązowa do ciemnobrązowej z lekkim pomarańczowym odcieniem, pokryta drobnymi ziarnistymi punkcikami, przez które rozpyla zarodniki. Krawędź główki w młodości ściśle przyległa do trzonu, z wiekiem pofalowana i czasem miejscami nieznacznie od niego odstająca. Wysyp zarodników następuje przez pory, pokrywające główkę.
Trzon: żółtawy, włóknisty, wysoki, cylindryczny, zwłaszcza pod ziemią często powyginany. Powierzchnia wzdłużnie podzielona na paseczki czasem się zadzierające, zwłaszcza na zagięciach trzonu. W górnej części poziomo układające się drobne kosmki.
Miąższ: kruchy, bez smaku i zapachu.
Cechy charakterystyczne: brązowawa główka i żółty trzon; rośnie na jeleniakach.
Łatwo pomylić z: maczużnik wysmukły.

Maczużnik wysmukły
Ophiocordyceps gracilis

Występowanie: pojawia się tuż po stopnieniu śniegów na podziemnych larwach motyli i ciem, w wilgotnych nadrzecznych terenach; rzadki.
Główka: ∅ do 0,7 cm, kulista, półkulista do jajowatej, czasem niekształtna. Cała powierzchnia pokryta równomiernie delikatnymi ziarnistymi punkcikami w odcieniu ciemniejszym niż tło, przez które wydostają się zarodniki. Żółtopomarańczowa, pomarańczowa do pomarańczowobrązowej i pomarańczowoczerwonej. Brzeg stosunkowo ściśle przylegający do trzonu.
Trzon: walcowaty, cienki, długi, żółtawy, żółtawobrązowawy do brązowawego, ciemniejszy w dolnej części, lekko podłużnie bruzdkowany i czasem pokryty pojedyńczymi zaderkami, pod ziemią bywa powyginany.
Miąższ: raczej kruchy, biały do żółtawego, bezwonny.
Cechy charakterystyczne: pomarańczowa główka wyraźnie kształtem oddzielona od trzonu (a nie maczugowato się z nim zlewająca i tylko kolorystycznie się różniąca, jak w przypadku niektórych maczużników).
Łatwo pomylić z: maczużnik bojowy, maczużnik muszy, maczużnik osi.

Mleczaj dołkowany
Lactarius scrobiculatus

Nazywany też: bedłka rydzawa.
Występowanie: w wilgotnych lasach iglastych, pod świerkami i jodłami, przy leśnych drogach i na obrzeżach lasów, głównie na południu Polski. Preferuje gleby wapienne; niezbyt częsty.
Kapelusz: ∅ 5-23 cm, w młodości wypukły, z wiekiem płaski do szeroko wklęsłego, z wyraźnym lejkowatym wgłębieniem na środku. Szarawożółty, cytrynowooliwkowy do niemal chromowożółtego i słomkowego z odcieniem brązu. Nieco ciemniejsze, drobne kosmki pozorują miejscami ciemniejszy kolor i powodują powstawanie pręg. Gdy mokry – śluzowato lepki od zgalaretowaciałych strzępek skórki. Brzeg długo podwinięty, filcowato-kosmaty na kilkumilimetrowej krawędzi, po rozpostarciu zazwyczaj wojłokowaty, czasem gładki.
Pod kapeluszem: blaszki pod naciskiem rudzieją. **Odcisk kapelusza:** jaskrawokremowy z cielistym odcieniem.
Trzon: krótki, prawie równej grubości; początkowo pełny, lecz wkrótce rurowato pusty. Jasnordzawy, przy podstawie białobrązowawy. Pokryty podłużnymi jasnordzawymi jakmami.
Miąższ: jędrny, biały do żółtawego, o ostrym gorzkim smaku i lekko owocowym zapachu. Skaleczony, wydziela obficie białe mleczko, które wypływając natychmiast żółknie cytrynowo, ma smak bardzo gorzko piekący.
Cechy charakterystyczne: żółtawy kapelusz, żółtawy trzon z brązowawymi jamkami, obfite białe żółknące mleczko, ostry smak.
Łatwo pomylić z: mleczaj cytrynowy, mleczaj okazały, mleczaj złocisty, mleczaj żółtofioletowy (pod ochroną).
Uwagi: po kilkukrotnym moczeniu w wodzie można owocniki zasolić i ukisić lub włożyć do octu, by pozbyć się żywicy o ostrym smaku – w taki sposób gatunek ten jest wykorzystywany we wschodniej Europie w przemyśle przetwórczym (bez tych zabiegów powoduje mdłości, wymioty i biegunkę).

Mleczaj wełnianka

Lactarius torminosus

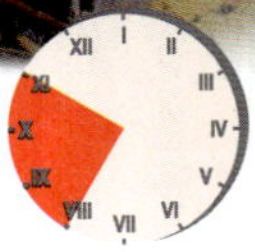

Nazywany też: fałszywy rydz, rydz fałszywy, nibyrydzyk, nibyrydzek, rydz koński, rydz kosmaty, rydz dziki, rydz psi, rydz trujący, bawełnianka, wełniak, kosmal, kudłatka, włosianka, bedłka wełnianka, bawełnica, bedłka rydzowa, jelonek, mleczaj wełniasty.

Występowanie: pod brzozami, w wilgotnych i umiarkowanie wilgotnych lasach oraz parkach, przy leśnych drogach, w zagajnikach; preferuje kwaśne gleby piaszczyste i gliniaste; częsty.

Kapelusz: ∅ 5-15 cm, najpierw wypukły, z wiekiem płaski i szeroko wklęsły. Karminoworóżowy, pokryty ciemniejszymi koncentrycznie ułożonymi strefowaniami (do dziesięciu). Brzeg długo pozostaje silnie podwinięty, potem podgięty, z czasem rozprostowujący się, przedłużony przez długie, gęste, białe włoski, które zakrywają całkowicie blaszki u młodych owocników. Takie same włoski pokrywają całą powierzchnię kapelusza, lecz są ciemniejsze (w miejscach pręgowania – różowobrązowawe). Włoski z wiekiem jaśnieją i rozkładają się od brzegu kapelusza, który może stać się wówczas wilgotny, śliski i śluzowaty. Skórka w stanie wilgotnym jest nieco mazista.

Pod kapeluszem: blaszki różnej długości, z licznymi śródblaszkami; gęste, cienkie, wąskie, zazwyczaj rozwidlone przy trzonie. Najpierw jasnokremowe z cielistym odcieniem, z czasem cielistoróżowawe do ochrowo-różowych. Krótko zbiegające.

Odcisk kapelusza: kremowy z cielistym odcieniem.

Trzon: cylindryczny; tylko we wczesnej młodości pełny, szybko staje się pusty, rurowaty, bardzo kruchy i łamliwy. Znacznie jaśniejszy odcień koloru kapelusza, na starość białawoochrowy. Powierzchnia gładka, matowa, czasem pokryta ciemniejszymi plamkami lub nieco omszona.

Miąższ: jędrny, w kapeluszu białawy z nieznacznym odcieniem różowym, jedynie na obrzeżach i pod skórką silniej zabarwiony. Zapach słaby, kwaskowaty; smak mocno piekący. Zwłaszcza w młodości obficie wydziela białe mleczko, silnie piekące w czubek języka i w gardle, o słabym nieokreślonym zapachu.

Cechy charakterystyczne: wełnisty kapelusz, niezmienne białe mleczko, piekący smak; rośnie pod brzozami.

Łatwo pomylić z: pod brzozami rosną również:

Mleczaj omszony, który ma znacznie jaśniejszy kapelusz – niemal biały, jedynie z nieznacznym kremoworóżowawym odcieniem; częsty.

Mleczaj cytrynowy ma białawy lub ochrowożółtawy kapelusz; bardzo rzadki, niejadalny.

Mleczaj francuski ma mniejsze, bledsze owocniki i oprócz brzóz, rośnie także pod innymi drzewami liściastymi; rzadki, niejadalny.

Pod dębami, bukami, grabami (lecz nie pod brzozami) rośnie mleczaj najostrzejszy z żółtoochrowym kapeluszem, którego brzeg tylko za młodu pokryty jest filcowatymi włoskami, a blaszki po uszkodzeniu zabarwiają się na brązowo; rzadki, niejadalny.

Początkujący grzybiarz może dostrzec podobieństwo z „rydzowatymi" mleczajami (mleczaj rydz, mleczaj świerkowy, mleczaj jodłowy), które rosną pod drzewami iglastymi, mają pomarańczowe kapelusze i wyróżniają się pomarańczowym mleczkiem; są jadalne.

Uwagi: czasem bywa spożywany po długim gotowaniu w słonej wodzie, co pozbawia go substancji trujących. Słabo obgotowany powoduje niedyspozycje żołądkowe.

Monetka bukowa

Mucidula mucida

Nazywana też: monetka kleista.

Występowanie: wyrasta przeważnie kępkami w lasach liściastych (głównie bukowych) na żywym i martwym drewnie drzew liściastych (przeważnie bukowym), nierzadko wysoko nad ziemią; niezbyt częsta.

Kapelusz: ∅ 2-10 cm, cienki; parasolowaty do rozpostartego; biały, na środku czasem żółtoszary i z tępym garbkiem; szklisto-porcelanowy, półprzeźroczysty; mocno śluzowaty, kleisty; brzeg ostry, pomarszczony, prążkowany.

Pod kapeluszem: bardzo rzadkie blaszki. **Odcisk kapelusza:** biały.

Trzon: pełny, cylindryczny, cienki, twardy, przy podstawie bulwiasty; barwy kapelusza; lepki, gładki; u dołu z zygzakowatym ciemniejszym wzorem; u góry z białym pierścieniem o prążkowanym wierzchu.

Miąższ: niezmienny; w trzonie włóknisty, twardy, łykowaty; w kapeluszu bardzo cienki, miękki, elastyczny; biały; bezwonny, o łagodnie kwaskowym smaku.

Cechy charakterystyczne: biały owocnik o kleistym, półprzejrzystym kapeluszu jakby „zrobionym z porcelany"; cienki trzon z wyraźnym pierścieniem, szerokie blaszki; dostojny elegancki wygląd; występowanie na drewnie głównie bukowym. Trudno pomylić z jakimkolwiek innym gatunkiem.

Uwagi: z grzybni monetki bukowej pozyskuje się mucydynę, wykorzystywaną jako antybiotyk podczas leczenia grzybicy skóry.

Okratek australijski

Clathrus archeri

Nazywany też: kwiatowiec australijski.

Występowanie: pojedynczo do nawet kilkuset owocników na jednym stanowisku, na ziemi bogatej w humus, w towarzystwie dobrze rozłożonego drewna lub słomy, czasem na glebie piaszczystej, w liściastych (głównie bukowych) i iglastych lasach oraz na łąkach. Ogólnie rzadki, jednak coraz częściej spotykany.

Owocnik: ∅ 10-15 cm, „czarcie jajo" oplecione niebiesko-szaro-fioletowymi sznurami grzybni, pękające w kształt rozgwiazdy.

Ramiona: od pięciu do ośmiu; kruche, zaostrzone na końcach, początkowo zrośnięte końcami, rozkładają się w miarę dojrzewania na kształt kwiatu lub często nieregularnej gwiazdy. Od wewnętrznej strony pomarańczowoczerwone, poprzecznie pofałdowane, od zewnątrz białoróżowawe. Na wewnętrznej stronie ramion znajduje się oliwkowa, śluzowata masa zarodników o woni zgniłej rzodkwi.

Warstwa zarodnikowa: pokrywa ramiona, stanowiące płodną część owocnika. Zarodniki nie są roznoszone „tradycyjnie" (przez wiatr), lecz przez owady, które – zwabione silną wonią (roznoszącą się na ponad 10 metrów) – rozsiewają śluzowatą, zgniłozieloną masę.

Trzon: krótki, walcowaty, białawo-kremowy, w górnej części wyraźnie różowawy.

Miąższ: kruchy, porowaty, gąbczasty; na poprzecznym przekroju ramienia widoczne jest światło 2-3 rurek i dwa szerokie wgłębienia. Woń słodka, przypominająca padlinę.

Cechy charakterystyczne: porowate czerwone ramiona rozpościerające się jak płatki kwiatu, pokryte śmierdzącą ciemnozieloną masą; bardzo krótki trzon.

Łatwo pomylić z: okratek czerwony, chwostek cuchnący (oba bardzo rzadkie).

Patyczka lepka

Leotia lubrica

Występowanie: w różnych lasach i na ich obrzeżach, w miejscach wilgotnych, trawiastych, omszonych, w pobliżu rzek i potoków, rośnie w grupach; pospolita.
Główka: ∅ 1-2 cm, początkowo półkolista, z wiekiem wypukła, przybierająca kształt spłaszczonej kulki. Powierzchnia nieregularnie pofałdowana, śliska, żółta do żółtooliwkowej lub pomarańczowej, czasem z ciemnozielonawymi lub czarniawymi plamkami albo cała w takim kolorze.
Trzon: pusty, walcowaty, czasem podłużnie spłaszczony, u góry rozszerzony. Powierzchnia śliska, delikatnie ziarniście punktowana, za młodu cytrynowa, z wiekiem pomarańczowa do cynamonowobrązowej, koloru główki lub jaśniejsza.
Miąższ: galaretowaty, konsystencji wosku, bladożółty, o mdłej woni stęchlizny.
Cechy charakterystyczne: żółty galaretowaty owocnik, czasem z ciemniejszą plamistą główką.
Łatwo pomylić z: patyczkę czarnozieloną, hełmik okrągławy czy hełmik mętny trudno uznać za gatunki podobne, bo pomimo zbliżonego kształtu mają zupełnie inne ubarwienie; mitróweczka błotna rośnie zaś w wodzie na gnijących szczątkach roślin.

Piestrzyca giętka

Helvella elastica

Nazywana też: siodłówka giętka.
Występowanie: wyrasta w miejscach ciepłych i wilgotnych, wśród traw w lasach liściastych (rzadziej iglastych), na leśnych ścieżkach, przeważnie grupami. Stosunkowo częsta, miejscami pospolita.
Główka: ∅ 1,5-5 cm, za młodu w kształcie nieregularnie powyginanego siodła, z czasem coraz mocniej pofałdowana, pomarszczona, często z podwiniętym – lecz nie przyrośniętym do trzonu – brzegiem. Na zewnątrz szarobrązowa, ochrowobrązowawa do żółtobrązowej i gładka, wewnątrz jaśniejsza.

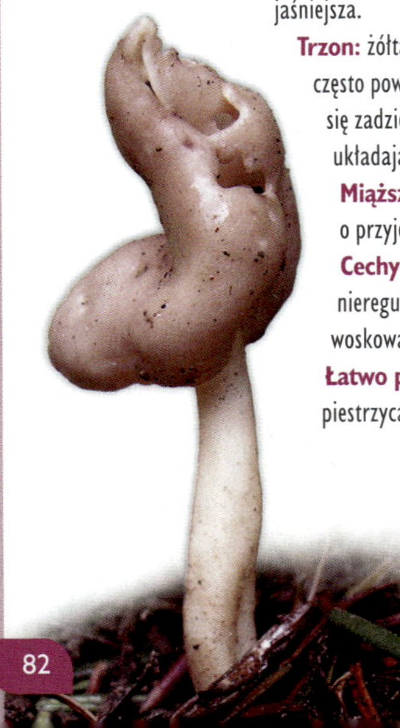

Trzon: żółtawy, włóknisty, wysoki, cylindryczny, zwłaszcza pod ziemią często powyginany. Powierzchnia wzdłużnie podzielona na paseczki czasem się zadzierające, zwłaszcza na zagięciach trzonu. W górnej części poziomo układające się drobne kosmki.
Miąższ: cienki, kruchy, konsystencji wosku; białawy; w trzonie mocny; o przyjemnym zapachu i łagodnym smaku.
Cechy charakterystyczne: szarobrązowawa główka w kształcie nieregularnego siodełka z podwiniętym brzegiem, osadzona na białym woskowatym trzonie.
Łatwo pomylić z: piestrzyca siodlasta, piestrzyca białotrzonowa, piestrzyca czarna.

Pięknoróg największy
Calocera viscosa

Nazywany też: pięknoróg lepki, płaskosz lipki, goździeniec lepki.
Występowanie: w lasach iglastych i mieszanych, na próchniejących pniakach i kawałkach drewna iglastego (głównie świerk, sosna); pospolity.
Kształt: wysokość owocnika 2-10 cm. Krzaczkowato rozgałęziony, rozwidlony, raczej wysmukły, o pokroju poroża, czasem pozornie koralowato zrośnięty. Końce rozwidleń przeważnie są zaostrzone, ale mogą być lekko zaokrąglone.
Powierzchnia: lepka, śliska, lśniąca, czasem białawo oprószona zarodnikami.

Podstawa: wąska, czasem korzeniasto wydłużona, białawo omszona, mazista, a w czasie suszy twarda i łamliwa; może głęboko tkwić w drewnie.
Miąższ: złotożółty, konsystencji twardej gumy, giętki, czasem łamliwy; suchy; bezwonny, bez smaku.
Cechy charakterystyczne: krzaczkowaty kształt, żółtopomarańczowe ubarwienie czerwieniejące po przesuszeniu, giętki miąższ.
Łatwo pomylić z: pięknoróg szydłowaty, pięknoróg dwuprzegrodowy.

Ponurnik aksamitny
Tapinella atrotomentosa

Nazywany też: krowiak aksamitnotrzonowy, krowiak aksamitka, aksamitka, krowia warga, krowi łeb, mięsicha, pieczaryca, pieczeń, psi łeb, świnka czarnokutnerowata, świnka ciemnokutnerowata, gwoździak czarnokutnerowaty, gwoździak kutnerowaty.
Występowanie: w lasach iglastych i mieszanych na próchniejącym drewnie (również tym zagrzebanym w ściółce) i korzeniach sosny oraz świerka, a rzadziej drzew liściastych; stosunkowo częsty.
Kapelusz: ∅ 5-30 cm, początkowo półkulisty, potem coraz bardziej płaski do lejkowato zapadniętego lub muszlowatego. Brązowy z odcieniem oliwkowym bądź rdzawym; suchy, matowy; gładki lub nieco skórzasty; podczas suszy czasem spękany. Brzeg podwinięty.
Pod kapeluszem: blaszki zbiegające daleko na trzon. **Odcisk kapelusza:** ochrowobrązowawy.
Trzon: pełny, stosunkowo krótki, masywny; centralny do bocznego; koloru kapelusza. Aksamitny, pokryty gładkimi ciemnobrązowymi włoskami.
Miąższ: niezmienny, gruby, twardy, soczysty, o zapachu słabym (na starość stęchłym) a smaku gorzkawym i szczypiącym.

Cechy charakterystyczne: aksamitny brązowy trzon w zestawieniu z takim też kapeluszem oraz jasnymi, brązowiejącymi po uszkodzeniu, blaszkami, wyróżnia ten gatunek i czyni go praktycznie niemożliwym do pomylenia.
Uwagi: można go spotkać również w bezdeszczowych okresach. Powoduje brunatną zgniliznę drewna.

Promieniak wilgociomierz

Astraeus hygrometricus

Nazywany też: promieniak gwiaździsty, astreusz wilgociomierz.
Występowanie: w stosunkowo suchych lasach iglastych i liściastych lub na ich obrzeżach, w miejscach nasłonecznionych, piaszczystych lub gliniastych; rzadki.
Owocnik: ∅ 5-30 cm, początkowo w kształcie kuli, której zewnętrzna ściana pęka z czasem tworząc gwiazdę z kulą pośrodku.
Zewnętrzna ściana: twarda, gruba. Zewnętrzna warstwa trójwarstwowa, twarda, skórzasta, na zewnątrz szaro brązowawa; po dojrzeniu owocnika pęka promieniście na 4-20 rozchylających się gwiaździsto płatów, które tulą się do siebie ponownie podczas suszy. Warstwa środkowa mięsista, brudnobiaława, a wewnętrzna cienka, brązowa, z czasem drobno popękana. Wewnętrzna warstwa w formie zazwyczaj gładkiej jasnobrązowej do czarnobrązowej kuli, która otwiera się na szczycie małym ujściem.
Płodna część: znajduje się wewnątrz kuli, u dojrzałych owocników jest ziemistobrązowa.
Cechy charakterystyczne: skórzasta, sztywna, twarda struktura; duża wodochłonność.
Łatwo pomylić z: gwiazdoszami, które są mniej wodochłonne.

Rozszczepka pospolita

Schizophyllum commune

Nazywana też: olszówka pospolita, kosmatek, dwójlistek towarzyski.
Występowanie: na żywym i martwym drewnie drzew iglastych i czasem liściastych, przeważnie grupami lub szeregami, w miejscach nasłonecznionych; pospolita.
Kapelusz: ∅ 1-4 cm, w kształcie muszli lub wachlarza, pozbawiony trzonu, przyrośnięty bocznie wąskim fragmentem do substratu. Szarobiały, niekiedy lekko beżowawy lub różowawy, czasem zielonawy z powodu rozwijających się na nim glonów. Pod wpływem wilgoci ciemnieje do szarobrązowego. Pokryty gęstą szczecinką, promieniście fałdowany lub bruzdkowany. Brzeg cienki, za młodu wyraźnie podwinięty, z czasem falisty.
Pod kapeluszem: rzadkie, szerokie blaszki. **Odcisk kapelusza:** biały, białoróżowawy.
Miąższ: łykowaty, cienki; w stanie suchym twardy i kruchy, pod wpływem wilgoci pęcznieje i staje się elastyczny, giętki. Nieznacznie kwaskowy zapach i smak.
Cechy charakterystyczne: blaszki rozszczepiają się w stanie suchym w sposób wyróżniający ten gatunek.
Łatwo pomylić z: ciżmówka zmienna.
Uwagi: powoduje białą zgniliznę drewna.

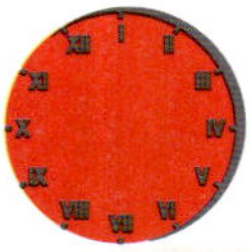

Rycerzyk oliwkowożółty

Tricholomopsis decora

Nazywany też: rycerzyk ozdobny, boczniak ozdobny.

Występowanie: rośnie w lasach iglastych i mieszanych na próchniejącym drewnie drzew iglastych, głównie na południu Polski.

Kapelusz: ∅ 3-10 cm, stożkowato-wypukły do płaskiego, czasem z garbkiem lub centralnym wgłębieniem. Żółty, żółtopomarańczowy, koncentrycznie usłany drobnymi ciemniejszymi łuseczkam , zagęszczającymi się ku środkowi.

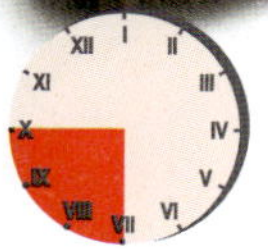

Pod kapeluszem: blaszki gęste, wąskie; prosto przyrośnięte lub wykrojone; barwy kapelusza. Ostrza gładkie, lekko oprószone. **Odcisk kapelusza:** biały.

Trzon: początkowo pełny, z wiekiem kanałowo wydrążony do pustego; walcowaty, niekiedy wygięty; włóknisty; barwy kapelusza, za młodu u góry biały, z czasem jednolicie żółty. Usłany wzdłużnie ułożonymi włókienkami a u góry łuseczkami.

Miąższ: niezmienny, sprężysty, na środku kapelusza gruby, ku brzegom cieńszy, niemal bezwonny, o łagodnie gorzkawym smaku.

Cechy charakterystyczne: żółtawooliwkowy jednolicie ubarwiony owocnik z ciemniejszymi łuseczkami na kapeluszu, bez pierścienia, rosnący na drewnie.

Łatwo pomylić z: rycerzyk czerwonołuskowy, rycerzyk czerwonozłoty.

Sromotnik smrodliwy

Phallus impudicus

Nazywany też: sromotnik bezwstydny, sromotnik śmierdzący, sromotnik wstydliwy, panna-bedka, słupiak cuchnący, smardz cuchnący, śmierdziak, śmierdziel, smrodnik, smrodziuch, sromnik, bedłka pańska, jajczak.

Występowanie: w lasach liściastych (głównie bukowych i grabowych) oraz iglastych (głównie w borach sosnowych), w parkach i ogrodach; pospolity.

Owocnik: w fazie „jaja"∅ 3-6 cm, potem główka ∅ 1,4-4 cm.; w młodości przybiera formę jędrnego, elastycznego, białego jaja, stopniowo wyłaniającego się z ziemi. Jego zewnętrzna warstwa pod gładką lub słabo żyłkowaną (a przy podstawie nieco pofałdowaną) białawą, żółtawą a w końcu różowawą skórką skrywa przezroczystą, grubą, galaretowatą, żółtawą osłonę, która w końcu pęka, uwalniając rosnący owocnik.

Główka: dzwonkowata, ciemnozielona do oliwkowozielonej, śluzowata i miękka. Początkowo przylega do trzonu, u dojrzałych okazów odstaje. Na szczycie zakończona jest małą białawą tarczką osłaniającą otwór prowadzący do wnętrza owocnika. Powierzchnia żeberkowata; pomiędzy fałdami znajduje się zgniłozielona (do zielonoczarniawej) śluzowata masa zarodników, która swą padlinowo-miodową wonią zwabia owady, ogałacające główkę do struktury białawego plastra miodu.

Trzon: pusty, bardzo kruchy, cylindryczny, lekko zwężający się ku górze, porowato-gąbczasty, biały, czasem lekko żółtawy, o powierzchni pokrytej drobnymi komorami, o ścianie zbudowanej z kilku warstw komórek.

Cechy charakterystyczne: słodka woń, przypominająca padlinę lub miód.

Łatwo pomylić z: sromotnik fiołkowy, sromotnik woalkowy.

Uwagi: jadalny w fazie „jaja", lecz wówczas może być mylony z młodocianym stadium trujących muchomorów!

Stożkówka wiosenna

Conocybe aporos

Nazywana też: stożkogłówka wiosenna.
Występowanie: w lasach, parkach, ogrodach, na łąkach; w miejscach nasłonecznionych; stosunkowo częsta.
Kapelusz: ∅ 1-5 cm, półkulisty; zmienia ubarwienie w zależności od stopnia nawilgocenia w odcieniach ochrowego, cynamonowego, czerwonobrązowego. Gładki; gdy wilgotny – z ciemniejszym centrum i nieznacznie żłobkowanym brzegiem, gdy suchy – z bledszym centrum i brzegiem gładkim.

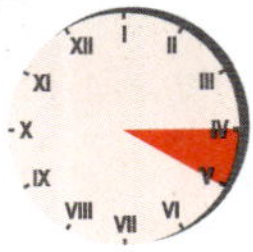

Pod kapeluszem: blaszki stosunkowo gęste, bladoochrowe do rdzawobrązowych; ostrza gładkie, niekiedy wyszczerbione.
Odcisk kapelusza: rdzawobrązowy.
Trzon: smukły, stosunkowo cienki, sztywny, przy podstawie nieznacznie zgrubiały; przeważnie w jaśniejszym odcieniu koloru kapelusza, pokryty białymi włókienkami. Posiada skórzasty pierścień o żłobkowanej górnej powierzchni.
Miąższ: kruchy, stosunkowo cienki, o słabym zapachu przypominającym nieco woń liści pelargonii.
Cechy charakterystyczne: niewielkie owocniki o zgrabnie kopulastych nagich brązowawych kapeluszach z odgórnie żłobkowanym pierścieniem na trzonie z lekko zgrubiałą podstawą, wyrastające na wiosnę w odsłoniętych miejscach.
Bardzo podobne są: stożkówka wysmukła i stożkówka wąskorozwiernikowa, rosnące później.

Stułka piaskowa

Coltricia perennis

Nazywana też: stułka trwała, huba trwała, hubka trwała, kieldet, stułka, żagiew trwała.
Występowanie: na glebach piaszczystych w lasach iglastych i mieszanych, zwłaszcza w lasach sosnowych wśród porostów; często po kilka owocników zrośniętych trzonami; pospolita.
Kapelusz: ∅ 1-8 cm, w kształcie cienkiego lejka, z czasem coraz mniej wklęsły. Wyraźnie koncentrycznie strefowany różnobarwnymi pasmami: brązowawy z odcieniem cynamonowym, żółtawym, szarawym. Suchy; aksamitny, potem nagi. Brzeg trochę jaśniejszy, ostry.
Pod kapeluszem: bardzo krótkie rurki. **Odcisk kapelusza:** żółtobrązowy.
Miąższ: cienki; skórzasty do korkowatego a na starość zdrewniałego; czerwonobrązowy lub brązowy; na przekroju poprzecznym niestrefowany; zapach i smak słabo wyczuwalne.
Cechy charakterystyczne: wyraźnie strefowany wielobarwny kapelusz, osadzony na cienkim trzonie.
Łatwo pomylić z: stułka cynamonowa.
Uwagi: zasuszone owocniki mają zastosowanie dekoracyjne we florystyce.

Szyszkolubka kolczasta

Auriscalpium vulgare

Nazywana również: szyszkogłówka kolczasta, kolczak połówkowy, kolczak łyżkowaty.

Występowanie: przez cały rok (świeże owocniki wyrastają od maja) można ją spotkać w lasach sosnowych i mieszanych na zagrzebanych w ściółce szyszkach sosnowych (rzadziej świerkowych); pospolita.

Kapelusz: ∅ 1-2 cm, stosunkowo płaski i lekko podwinięty; patrząc od góry ma kształt nerki, serca lub liścia z trzonem od boku wchodzącym głęboko na powierzchnię kapelusza aż do centralnej jego części; brązowawy z odcieniami szarego, beżowego, żółtawego i czerwonego, a czasem czarny; za młodu jaśniejszy na brzegu; powierzchnia gęsto najeżona szorstkimi krótkimi kosmkami lub włoskami.

Pod kapeluszem: gęste kolce zachodzące na trzon. **Odcisk kapelusza:** biały.

Trzon: bocznie zarzucony na powierzchnię kapelusza; cienki, elastyczny, czasami rozgałęziony; u nasady zgrubiały i zwężający się ku górze; ciemnobrązowy, czarnobrązowy; szorstko owłosiony jak kapelusz.

Miąższ: elastyczny, łykowaty, skórzasty; za młodu białawo-jasnobrązowy, szarawy, z wiekiem brązowieje; nieokreślony zapach i smak.

Cechy charakterystyczne: brązowoczarny trzon bocznie zachodzący na brązowoczarną główkę oraz białawe kolce; rośnie na szyszkach. Gatunek praktycznie niemożliwy do pomylenia.

Szyszkowiec łuskowaty

Strobilomyces strobilaceus

Nazywany też: szyszkowiec szyszkowaty, łuskogrzyb strzępiastotrzonowy, łuskogrzyb szyszkowaty.

Występowanie: przeważnie pojedynczo, głównie w lasach liściastych (rzadziej iglastych) pod bukami, świerkami i jodłami; w miejscach cienistych, na żyznej glebie (nie rośnie na piaszczystym podłożu). Rzadki, choć na południu Polski miejscami stosunkowo częsty (np. Bieszczady).

Kapelusz: ∅ 5-20 cm, półkolisty, z wiekiem coraz mniej wypukły; suchy, szarobiaławy; dachówkowato usłany dużymi, jedwabistymi, ciemnymi łuskami o odstających końcach; z brzegów zwisają białawe strzępy osłony.

Pod kapeluszem: rurki. **Odcisk kapelusza:** brązowopurpurowy.

Trzon: pełny, walcowaty; włóknisto-mięsisty. Barwy kapelusza, u szczytu białawy, poniżej nietrwałego białawego pierścienia pokryty szarymi kosmkami, w górnej części żeberkowano-siatkowany.

Miąższ: w kapeluszu gąbczasty; w trzonie zdrewniały, włóknisty, a przy podstawie szybko staje się kruchy jak węgiel drzewny; za młodu białawy a na starość od trzonu ku górze stopniowo czerwonawy do ciemnobrązowego; z wiekiem na przekroju czerwienieje (a następnie czernieje lub fioletowieje). Zapach nieco ziemisty, smak delikatnie gorzkawy.

Cechy charakterystyczne: białoszary kapelusz pokryty brązowawymi łuskami, a pod nim rurki.

Łatwo pomylić z: sarniakiem świerkowym, który pod kapeluszem ma kolce.

Świecznica rozgałęziona

Artomyces pyxidatus

Nazywana również: świecznik rozgałęziony.
Występowanie: rośnie na próchniejącym drewnie drzew liściastych (dąb, buk, grab, topola, lipa, wierzba), rzadziej iglastych.
Kształt: wysokość owocnika 2-12 cm. Rośnie w formie krzaczka o gałązkach wielokrotnie rozgałęzionych, wzniesionych równolegle i gęsto, z wierzchołkami zwieńczonymi miseczkami otoczonymi wyrostkami.
Kolor: bladocielisty, ochrowożółtawy, bladożółtawy.
Podstawa: gałązki owocnika łączą się na dole w pień, przyrośnięty do podłoża.
Miąższ: elastyczny, biały do jasnożółtego, u starszych owocników brązowieje po potarciu; o wyraźnie korzennym zapachu i początkowo łagodnie gorzkawym smaku, który po pewnym czasie staje się piekący.
Cechy charakterystyczne: wielokrotnie rozgałęzione gałązki, rosnące równolegle do siebie w bardzo zwartym gęstym szyku, zwieńczone wklęśnięciami w formie miseczek otoczonych ząbkowatymi lub pałeczkowatymi wyrostkami.
Łatwo pomylić z: koralówka sztywna nie ma miseczkowato zwieńczonych gałązek.

!!

Twardziak łuskowaty

Neolentinus lepideus

Nazywany również: łyczak łuszczkowaty, łyczak łuskowaty, łuszczak łuskowaty, grzyb podkładowy, bedłka łuszczkowata, skórzak łuszczkowaty.
Występowanie: na martwym drewnie drzew iglastych (modrzew, czasem sosna), w miejscach nasłonecznionych; spotykany m.in. na słupach i podkładach kolejowych; stosunkowo częsty.
Kapelusz: ∅ 3-15 cm, grubomięsisty, w młodości półkulisty, z wiekiem stożkowaty do płaskiego; centralnie wgłębiony lub z tępym garbkiem. Skórka sucha, matowa, biaława, kremowa, białawożółtawa, ochrowożółtawa, czasem jasnobrązowa; promieniście popękana w stosunkowo duże, brązowiejące łuseczki, zmniejszające się ku obwodowi. Brzeg długo podwinięty.
Pod kapeluszem: szerokie blaszki. **Odcisk kapelusza:** biały.
Trzon: pełny, walcowaty, zwarty, stosunkowo gruby, korzeniastą podstawą wnikający w podłoże; za młodu (lecz krótko) z pierścieniem. Biały, białawy (zwłaszcza przy podstawie), pokryty zanikającymi brązowawymi łuseczkami. Czasami wygięty a nawet bocznie przyrośnięty do kapelusza.
Miąższ: gruby, tylko za młodu miękki, z czasem elastyczny i łykowaty, a po wysuszeniu twardy jak drewno. Białawy, w podstawie trzonu brązowawy, o przyjemnym owocowo-anyżowym zapachu i łagodnym smaku.
Cechy charakterystyczne: biały stosunkowo masywny owocnik z trzonem i kapeluszem usłanym brązowymi łuseczkami i z wyraźnie postrzępionymi ostrzami blaszek; pierścień na trzonie tylko za młodu; rośnie na drewnie drzew iglastych.
Łatwo pomylić z: twardziak tygrysi, twardziak lepki.

Twardziak muszlowy

Panus conchatus

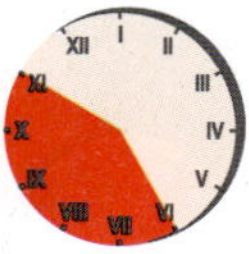

Nazywany również: bedłka muszlowa, łyczak muszlowy, łyszczak muszlowy, bocznotrzonowiec muszlowy.
Występowanie: wyrasta (przeważnie kępkami) na pniakach drzew liściastych (głównie brzozy i buka) w lasach liściastych i mieszanych; niezbyt częsty.
Kapelusz: ∅ 3-13 cm, w kształcie lejkowatej muszli; początkowo wypukły, z czasem rozpostarty do skośnie lejkowatego. Powierzchnia gładka, niekiedy delikatnie łuseczkowato spękana. W młodości bladoliliowy z domieszką fioletu, różu i brązu; z wiekiem od środka w stronę brzegu zmienia barwę na cielistobrązową do ochrowobrązowej. Tylko za młodu brzeg podwinięty, potem rozprostowuje się i faluje.
Pod kapeluszem: gęste zbiegające blaszki koloru kapelusza. **Odcisk kapelusza:** biały.
Trzon: przeważnie boczny, rzadziej centralny, czasem niedostrzegalny; krótki, pełny, masywny, twardy, koloru kapelusza; mocno przyrośnięty do podłoża i trzonów sąsiednich owocników.
Miąższ: niezmienny, łykowaty, zwarty, twardy; biały; przyjemny nieco korzenny zapach i lekko gorzkawy smak (zwłaszcza na starość).
Cechy charakterystyczne: lejkowaty fioletowawobrązowawy owocnik o słabo wykształconym trzonie, rosnący na pniakach drzew liściastych.
Łatwo pomylić z: boczniakiem ostrygowatym o białych blaszkach i trzonie.

Twardzioszek czosnkowy

Mycetinis alliaceus

Występowanie: w lasach bukowych; na gałęziach zalegających ściółkę, rzadziej na samej ściółce. Miejscami częsty, poza tym rzadki.
Kapelusz: ∅ 2-4 cm, za młodu dzwonkowaty, z wiekiem wypukły do rozpostartego, nieco pomarszczony, z brzegiem gładkim lub rowkowanym. Zmienny również kolor, w zależności od wilgotności: od niemal białawego i matowego w stanie suchym, przez bladocielisty i jasnogliniasty, szarobrązowy aż do ciemnobrązowego w stanie wilgotnym; na starość wyblakły.
Pod kapeluszem: rzadkie blaszki. **Odcisk kapelusza:** biały, kremowy.
Trzon: równej grubości, cienki, pusty, sztywny, twardy, włóknisty, niełamliwy, delikatnie żłobkowany, aksamitny, szaro oprószony, matowy. Ciemnobrązowy do czarnego, na szczycie jaśniejszy. U nasady korzeniasty i często głęboko wrośnięty w ściółkę.
Miąższ: w kapeluszu cienki i białawy, przy trzonie ciemniejszy. Bardzo silny nieprzyjemny zapach czosnku, wyczuwalny z daleka.
Cechy charakterystyczne: cienki brązowy trzon, silna nieprzyjemna woń czosnku, występowanie wyłącznie w buczynach.
Łatwo pomylić z: w ściółce iglastej rośnie twardzioszek czosnaczek. W ściółce liściastej rośnie twardzioszek szczypiorkowy.
Uwagi: dawniej był zbierany i wykorzystywany jako przyprawa w charakterze zamiennika czosnku, gdyż prawdopodobnie mylono go z bardzo podobnym a znacznie lepszym w tym celu (bo pozbawionym nieprzyjemnej nuty zapachowej) twardzioszkiem czosnaczkiem.

Wilgotnica czepeczkowata

Porpolomopsis calyptriformis

Występowanie: wśród traw na glebach ubogich, na łąkach, pastwiskach i ugorach lub w prześwietlonych fragmentach lasów, w młodnikach, pojedynczo lub po kilka owocników, rzadka.
Kapelusz: ∅ 2,5-7 cm, mięsisty, kruchy, przybiera formę owalnej lub wydłużonej czapeczki, za młodu z brzegiem podwiniętym; wiekiem płasko rozpostarty do wywiniętego. Szczyt ostro zakończony; brzeg najpierw równy, z wiekiem wyraźnie porozrywany często po sam szczyt. Powierzchnia pod wpływem wilgoci nieco lepka, szybko wysychająca, gładka. Kolor liliowy, różowoczerwonawy, z odcieniami koralowymi, pomarańczowymi i łososiowymi (często jednocześnie z kilkoma).
Pod kapeluszem: blaszki stosunkowo grube, rzadkie, kruche, mięsiste, o konsystencji wosku. Pomiędzy blaszkami częste zmarszczki. **Odcisk kapelusza:** biały.
Trzon: pusty, równej grubości, mięsisty lecz kruchy, smukły, czasami nieco wygięty. Białawy z delikatnym odcieniem żółtawym lub różowawym. Powierzchnia sucha i gładka, delikatnie podłużnie włókienkowata.
Miąższ: bardzo kruchy i delikatny, w kapeluszu bardzo cienki, białaworóżowawy, bezwonny, w smaku łagodny.
Cechy charakterystyczne: różowawe ubarwienie i spore rozmiary, pusty trzon, kształt czapeczki.

Wrośniak szorstki

Trametes hirsuta

Występowanie: przez cały rok wyrasta na martwym drewnie drzew liściastych (dąb, brzoza, grab, czereśnia, jarzębina, wierzba, buk). Pospolity.
Owocnik: składa się z przyrośniętych bokiem do podłoża, pojedynczych lub dachówkowato ze sobą pozrastanych, kapeluszy.
Kapelusz: ∅ 3-10 cm, półkulisty, czasem rozpostarto-odgięty, cienki; na powierzchni matowy, nierówny, koncentrycznie pręgowany, pokryty gęstym sztywnym słomkowożółtym owłosieniem; za młodu białawy, żółtawy, białoszary, popielatoszary, rudawy lub szarooliwkowy, na starość orzechowy, brudnocielisty. Brzeg nierówny, falisty, tępy lub ostry, owłosiony lub wyłysiały; zazwyczaj ciemniejszy od reszty kapelusza.
Pod kapeluszem: rurki białe, słomkowożółte do kremowych; pory koliste, koloru rurek, na starość szare do rdzawych. **Odcisk kapelusza:** biały, miejscami żółtawy.
Miąższ: elastyczny, z wiekiem twardy, włóknisto-watowaty; białawy, po wysuszeniu słomkowożółty do kremowego. U młodych okazów zapach anyżu. Smak gorzki.
Cechy charakterystyczne: gatunek o bardzo zmiennym wyglądzie (owocniki na zdjęciu są młode i świeże).
Łatwo pomylić z: wrośniak różnobarwny, wrośniak garbaty, wrośniak miękkowłosy.
Uwagi: powoduje białą zgniliznę drewna.

Zasłonak pospolity
Cortinarius trivialis

Nazywany również: zasłonak śluzowaty.
Występowanie: na nieużytkach i w lasach liściastych oraz mieszanych (buki, wierzby, brzozy, topole, leszczyny), rzadziej w lasach iglastych; na glebach wapiennych; stosunkowo częsty.
Kapelusz: ∅ 3-12 cm, za młodu stożkowato wypukły, z wiekiem rozpostarty, z płaskim garbkiem na środku i czasem z pofalowanym brzegiem. Powierzchnia stosunkowo śluzowata, lepka, gładka, ochrowożółta, czerwonawobrązowa, oliwkowobrązowa do ciemnobrązowej; przy brzegu jaśniejsza.
Pod kapeluszem: blaszki. **Odcisk kapelusza:** rdzawy.
Trzon: cylindryczny, masywny, u góry białawy, u dołu żółtawoochrowy do brązowawego lub czerwonobrązowawego, poprzecznie wstęgowany zygzakowatymi śluzowatymi bezbarwnymi pozostałościami zasnówki; podstawa niebieskawa.
Miąższ: ścisły, grubo włóknisty. W kapeluszu białawy, bladożółty, jasnoszary do brązowego, nad trzonem niebieskawy, w podstawie trzonu z wiekiem brązowawy; o słabo wyczuwalnym łagodnie miodowym smaku i słabym zapachu.
Cechy charakterystyczne: żółtawo-brązowawy kapelusz i trzon, śluzowate poprzeczne kosmki na trzonie, fioletowo-brązowawe blaszki, rdzawy wysyp.
Łatwo pomylić z: zasłonakiem kleistym o białym trzonie.
Uwagi: przez większość autorów uznawany za niejadalny prawdopodobnie ze względu na nieapetyczny śluz, choć gatunek ten posiada łagodny smak i przypuszczalnie jest nieszkodliwy.

Zasłonak wonny
Cortinarius traganus

Nazywany również: zasłonak brodaty, zasłonak koźli.
Występowanie: często rośnie grupami pod sosnami i świerkami w lasach iglastych na kwaśnych glebach, rzadszy w lasach liściastych.
Kapelusz: ∅ 4-15 cm, w młodości kulisty i bladofioletowy ze srebrzystym wierzchołkiem, z wiekiem wypukły do rozpostartego z barwą blednącą do bladoochrowej. Suchy, błyszczący, brzeg w młodości usłany zwieszającymi się filcowatymi pozostałościami po osłonie, skórka czasem popękana.
Pod kapeluszem: blaszki stosunkowo gęste i szerokie. **Odcisk kapelusza:** rdzawobrązowy.
Trzon: pełny, masywny, maczugowaty, przy nasadzie bulwiasty. Początkowo fioletowy, z wiekiem blednący, bladoliliowy, od podstawy uzyskujący odcień ochrowy. Suchy, jedwabiście połyskujący, usłany resztkami osłony. Pierścień rdzawy.
Miąższ: gruby, w odcieniach żółtawo-brązowych bez fioletu, niemiły zapach acetylenu lub karbidu z owocową nutą przejrzałych gruszek, smak lekko gorzki.
Cechy charakterystyczne: fioletowy trzon i kapelusz, lecz miąższ i blaszki nigdy nie zbliżają się do tego koloru.
Łatwo pomylić z: zasłonak odrażający, zasłonak fioletowy, zasłonak białofioletowy.

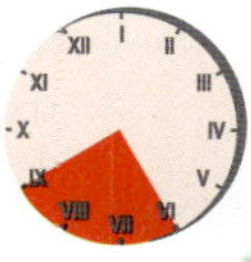

Czubajeczka cuchnąca

Lepiota cristata

Występowanie: w lasach, ogrodach, parkach, na trawnikach, przy leśnych drogach; pospolita.
Kapelusz: ∅ 1-4 cm, za młodu prawie półkulisty, stożkowaty, z czasem wypukły do płaskiego; biały do kremowego, z czerwonobrązowym tępym gładkim garbkiem, koncentrycznie usłany przylegającymi czerwonobrązowymi łuskami. Brzeg ostry, czasem spękany.
Pod kapeluszem: gęste, szerokie blaszki. **Odcisk kapelusza:** biały.

Trzon: początkowo pełny, szybko staje się pusty; smukły, cylindryczny, łamliwy; przy podstawie rozszerzony; nad delikatnym, lejkowato wzniesionym, błoniastym pierścieniem – gładki, poniżej – włóknisty; za młodu biały, starzejąc się przybiera odcień różowawy do czerwonawego.
Miąższ: wodnisty, cienki; biały a w trzonie tuż pod skórką czerwonobrązowy; o nieprzyjemnej plastelinowo-metalicznej woni i łagodnym smaku.
Cechy charakterystyczne: biały kapelusz z czerwonobrązowymi łuseczkami i takim garbkiem, biały włóknisty trzon ze stosunkowo trwałym pierścieniem.
Łatwo pomylić z: czubajeczka tarczowata, czubajeczka ziarnistołuskowata.
Uwagi: prawdopodobnie wszystkie czubajeczki są mniej lub bardziej trujące.

Czubajeczka tarczowata

Lepiota clypeolaria

Nazywana również: czubajeczka wełnista, bedłka tarczowata, czubajka tarczowata.
Występowanie: na żyznych glebach wilgotnych lasów liściastych i mieszanych, rzadziej iglastych, w miejscach widnych i trawiastych; preferuje towarzystwo buków, dębów i grabów; częsta.
Kapelusz: ∅ 3,5-8 cm, za młodu jajowaty, stożkowaty, dzwonkowaty, z czasem wypukły do płaskiego. Promieniście spękany na drobne czerwonobrązowe włókniste łuseczki na kremowym tle; garbek czerwonobrązowy; brzeg ostry, ze zwisającymi pozostałościami osłony.
Pod kapeluszem: blaszki gęste, szerokie, wolne. **Odcisk kapelusza:** kremowożółty.
Trzon: cylindryczny, ze zgrubiałą podstawą, wydrążony, łamliwy; nad niewyraźnym i nietrwałym pierścieniem gładki, poniżej obficie pokryty brązowawymi lub żółtawymi wełnistymi łuseczkami na białym tle, na starość nagi.

Miąższ: cienki, białawy w kapeluszu, w trzonie żółtawy i brązowawy. Zapach nieprzyjemny, kwaśno-ostry; łagodny grzybowy smak.
Cechy charakterystyczne: owocnik biały, garbek oraz włókniste łuseczki na kapeluszu i trzonie czerwonobrązowe a czasem z żółtym odcieniem. Z brzegów kapelusza zwisają resztki osłony.
Łatwo pomylić z: czubajeczka cuchnąca ma kapelusz usłany przylegającymi łuskami, natomiast czubajeczka czerwonopochwowa ma czerwieniejącą podstawę trzonu i pomarańczowobrązową strefę pierścieniową.
Uwagi: prawdopodobnie wszystkie czubajeczki są mniej lub bardziej trujące.

Gąska mydlana
Tricholoma saponaceum

Nazywana również: bedłka popielata.
Występowanie: rośnie gromadnie w lasach iglastych i liściastych; częsta.

Kapelusz: ∅ 4-12 cm, w młodości wypukły, z wiekiem rozpostarty; stosunkowo mięsisty. Kolor bardzo zmienny – szarobrązowy, szarozielony, szaroczarny do białego; owocniki ciemno ubarwione zachowują wyraźnie jaśniejszy brzeg. Powierzchnia gładka, rzadko z drobnymi łuskami, czasem popękana, raczej sucha, nieco lepka gdy wilgotna. Brzeg w młodości podwinięty, potem pofałdowany.
Pod kapeluszem: blaszki stosunkowo grube i szeroko rozstawione, białawoszare do żółtawozielonkawych, zatokowato wycięte. **Odcisk kapelusza:** biały.
Trzon: równej grubości, czasem pogięty, rzadziej popękany, w jaśniejszym odcieniu barwy kapelusza; powierzchnia podłużnie włókienkowata do łuskowatej. Różowieje po uszkodzeniu, zwłaszcza na dole.
Miąższ: białawy, po czasie czerwieniejący lub różowiejący; zapach słaby, mydlany (zwłaszcza u starych okazów); smak słabo mączny do gorzkawego, nieprzyjemny.
Cechy charakterystyczne: czerwieniejący miąższ i zapach ługu mydlarskiego.
Łatwo pomylić z: gąska czerwieniejąca.
Wartość: na surowo trująca (zawiera hemolizyny rozkładające krew), po obgotowaniu słabo trująca, w większych ilościach powoduje mdłości i wymioty.
Uwagi: gatunek o bardzo zmiennym ubarwieniu kapelusza, przez co stosunkowo łatwy do pomylenia.

Gąska ognista
Tricholoma focale

Nazywana również: opieńka gruba.
Występowanie: spotykana na glebach piaszczystych, na terenach wydmowych, pod sosnami.
Kapelusz: ∅ 3-15 cm, raczej mięsisty, w młodości półkulisty, potem szerokostożkowy do płaskiego, z szerokim tępym garbkiem. Kolor czerwonawobrązowawy, pomarańczowobrązowy, cynamonowobrązowy, z wiekiem ciemnieje, czasem z lekkim oliwkowym nalotem. Powierzchnia pokryta promieniście włókienkami, w młodości mazista, z wiekiem sucha, czasem łuskowata.
Pod kapeluszem: blaszki, po uszkodzeniu czerwienieją. **Odcisk kapelusza:** biały.
Trzon: masywny, walcowaty, zwężony na końcach, początkowo biały, potem czerwonawobrązowy. Poniżej wełnisto-włókienkowatej zgrubiałej strefy pierścienia łuskowaty, pokryty brązoworudymi włókienkami.
Miąższ: stosunkowo mięsisty, biały, po przecięciu czerwienieje. Mączny zapach i słabo mączny smak, brak goryczy.
Cechy charakterystyczne: czerwienieje po uszkodzeniu. Falisty, wełnisto-włókienkowaty pierścień. Brak goryczy w smaku. Skórka tylko za młodu mazista, potem sucha.
Łatwo pomylić z: gąska czerwonobrązowa.
Wartość: trująca – powoduje mdłości, wymioty i biegunkę.

!!!

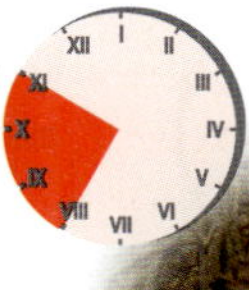

Gąska pieprzna

Tricholoma virgatum

Nazywana również: gąska rózgowata, gąska pręgowana, bedłka podzielona.
Występowanie: w lasach iglastych na glebach wapiennych, pod świerkami; niezbyt częsta.

Kapelusz: ∅ 3-8 cm, stożkowaty do płaskiego, ze szpiczastym wierzchołkiem. Szaropopielaty, suchy, pokryty ciemniejszymi prążkami; spękany promieniście w formie łusek. Brzeg ostry, w młodości podwinięty.
Pod kapeluszem: stosunkowo szerokie blaszki. **Odcisk kapelusza:** biały.
Trzon: cylindryczny, wysmukły, pełny, nieco szerszy u dołu, w jaśniejszym odcieniu barwy kapelusza, suchy, gładki, delikatnie lśniący, pokryty podłużnymi włókienkami.
Miąższ: w kapeluszu cienki, kruchy, pod skórką szary; zapach słaby ziemisty, smak gorzki i piekący.
Cechy charakterystyczne: mocno szpiczasty szczyt kapelusza, pełny trzon, gorzki ostry smak, towarzystwo świerków.
Łatwo pomylić z: gąska ziemistoblaszkowa (jadalna), gąska niekształtna (jadalna), gąska ostra (słabo trująca).
Wartość: słabo trująca, powoduje zaburzenia żołądkowo-jelitowe z mdłościami i wymiotami w ciągu od pół godziny do trzech godzin po konsumpcji.
Uwagi: w przypadku poszukiwania podobnych jadalnych gatunków gąski warto przeprowadzić próbę smakową, by wyeliminować gąski o gorzkim smaku, lekko trujące.

Klejówka plamista

Gomphidius maculatus

Występowanie: rośnie pod modrzewiami, spotykana głównie na południu Polski w lasach modrzewiowych.
Kapelusz: ∅ 2-5 cm, mięsisty; półkulisty do spłaszczonego; brzeg podwinięty. Biały do cielistoochrowego i brązowocielistego, z czarnobrązowymi plamami. Suchy, na mokro bardzo lepki.
Pod kapeluszem: blaszki stosunkowo rzadkie, grube, rozwidlone. **Odcisk kapelusza:** czarny.
Trzon: cylindryczny, smukły; suchy. Białożółty, czerniejący pod naciskiem; czasem usiany czerwonawymi kropelkami, które potem czernieją. Pokryty kosmkami barwy purpurowej do purpurowoczarnej.
Miąższ: miękki, biały a u podstawy żółty. Różowieje na przekroju. Łagodny słabo kwaskowy smak, bezwonny lub o zapachu kumaryny.
Cechy charakterystyczne: przebarwianie się pod naciskiem i na przekroju, mikoryza z modrzewiem, trzon suchy a kapelusz bardzo kleisty gdy mokry.
Łatwo pomylić z: wyróżniana przez niektórych autorów mniejsza klejówka wysmukła o winnobrązowym kapeluszu obecnie uważana jest za synonim klejówki plamistej, a w takim ujęciu klejówkę plamistą nie sposób pomylić z innym gatunkiem.
Wartość: podejrzewana o powodowanie wymiotów lub biegunek, mimo że przeważnie uznawana za jadalną; na wszelki wypadek lepiej powstrzymać się od konsumpcji.

!

Krowiak podwinięty

Paxillus involutus

Nazywany również: olszówka, olchówka, bydlęca gęba, krowia gęba, krowia warga, krówka, pieczeń, świnka pospolita, tłuszcz, tłustocha, gwoździak podwinięty, podolszówek.

Występowanie: na wszelkiego typu glebach w lasach liściastych, iglastych i mieszanych, w parkach i ogrodach, na ziemi lub drewnie, przeważnie gromadnie; pospolity.

Kapelusz: ∅ 4-20 cm, wypukły do lejkowatego, z garbkiem. Oliwkowobrązowy do czerwonobrązowego; aksamitny do nagiego. Brzeg żeberkowany, długo podwinięty.

Pod kapeluszem: blaszki grube, gęste, pod naciskiem brązowieją.

Odcisk kapelusza: rdzawobrązowy, ochrowobrązowy, żółtobrązowy.

Trzon: pełny, krępy; w jaśniejszym odcieniu koloru kapelusza; gładki.

Miąższ: jędrny; ochrowy, brązowawy, na przekroju rudzieje. Bezwonny, o łagodnie kwaskowym smaku.

Cechy charakterystyczne: ochrowo zabarwiony owocnik o masywnym trzonie i twardym gładkim kapeluszu z mocno podwiniętym karbowanym brzegiem; blaszki pod naciskiem brązowieją, miąższ na przekroju przebarwia się na czerwonobrązowo.

Łatwo pomylić z: krowiak olszowy (niejadalny).

Wartość: śmiertelnie trujący – powoduje ubytki w błonie śluzowej przewodu pokarmowego oraz rozpad czerwonych krwinek. Dawniej opisywany jako jadalny, bywał spożywany po mocnym obgotowaniu z odlaniem wody, jednak mimo to częsta konsumpcja może doprowadzić do zgonu! **Gatunek odpowiedzialny za największą ilość zatruć grzybami w Polsce.**

Lisówka pomarańczowa

Hygrophoropsis aurantiaca

Nazywana również: kurka jadowita, pieprznik pomarańczowy, lejkówka pomarańczowa, kurka fałszywa, fałszywa kurzajka, fałszywa liszka.

Występowanie: w lasach iglastych i mieszanych, w miejscach wilgotnych, wśród mchów, na glebach różnego typu. Stosunkowo częsta, choć w Polsce nierównomiernie rozmieszczona.

Kapelusz: ∅ 2-7 cm, wypukły do lejkowatego, z pofałdowanym brzegiem. Pomarańczowożółty, pomarańczowy, pomarańczowoczerwony; często blady i z białawym brzegiem. Matowy, suchy.

Pod kapeluszem: blaszki gęste, niskie, wąskie, cienkie. **Odcisk kapelusza:** biały, kremowy.

Trzon: pełny do pustego. Równy, smukły, cienki. Gładki lub delikatnie zamszowy; nieznacznie bledszy od kapelusza.

Miąższ: niezmienny, cienki, miękki, włóknisty; żółtawy do bladopomarańczowego; niewyraźny zapach i kwaskowato-gorzkawy lub cierpki smak.

Cechy charakterystyczne: owocniki o zmiennym kształcie oraz barwie, lecz zawsze z udziałem koloru pomarańczowego, szczególnie wyraźnego w ubarwieniu blaszek.

Łatwo pomylić z: pieprznik jadalny ma żółty owocnik; jadalny.

Wartość: w większych ilościach powoduje niegroźne zaburzenia żołądkowe.

Łysiczka łuskowata
Leratiomyces squamosus

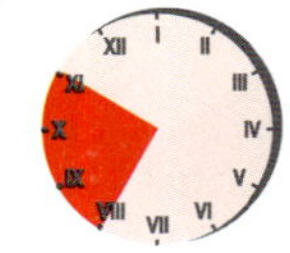

Nazywana również: pierścieniak łuskowy, pierścieniak łuskowaty, pieczarka łuszczkowata, ostrzępka ceglastawa odmiana łuskowata, pierścieniak łuskowaty.
Występowanie: w parkach i bukowych lasach, na ziemi i gałęziach zagrzebanych w ściółce; stosunkowo rzadka.
Kapelusz: ∅ 2-6 cm, wypukły, kopułowaty do niemal rozpostartego; z małym garbkiem. Żółtoochrowy, oliwkowożółty, na szczycie czasem rudawy, na brzegu z białawymi resztkami osłony; nieco lepki.
Pod kapeluszem: szerokie blaszki. **Odcisk kapelusza:** fioletowobrunatny.
Trzon: wysmukły, często pogięty; z delikatnym i nietrwałym białawym głęboko osadzonym pierścieniem, poniżej którego pokryty jest rdzawożółtawymi łuseczkami.
Miąższ: w kapeluszu kruchy, w trzonie łykowaty; smak łagodny do gorzkawego.
Cechy charakterystyczne: bardzo smukły długi trzon, żółtorudawy kapelusz z ciemniejszym wierzchołkiem i niemal białym brzegiem pokrytym łuseczkami; trzon barwy kapelusza, usiany licznymi łuseczkami; oliwkowo-czarniawe blaszki.
Łatwo pomylić z: jadalnymi i niejadalnymi polówkami (np. podobnie ubarwiona polówka wczesna o nietrwałym pierścieniu; częsta, jadalna). Podobne łysiczki.
Uwagi: gatunek w dawnej systematyce znany pod łacińskimi nazwami *Stropharia squamosa* i *Psilocybe squamosa*.

Łysiczka murawowa
Psilocybe coronilla

Nazywana również: pierścieniak wieńczony, pierścieniak koroniasty, opaska koroniasta.
Występowanie: przeważnie pojedynczo, w lasach i poza nimi, na łąkach, trawnikach, pastwiskach, przy drogach, wśród traw; częsta.
Kapelusz: ∅ 2-5 cm, półkulisty do rozpostartego. Białawy, bladoochrowy do jasnożółtego; czasem pokryty delikatnymi łuseczkami; na mokro nieco lepki, na sucho matowy. Brzeg długo podwinięty, czasem usiany białawymi kłaczkami.
Pod kapeluszem: gęste, szerokie blaszki. **Odcisk kapelusza:** purpupowobrązowy.
Trzon: gruby, sztywny, prosty; biały; w młodości pełny, potem z wydrążonym kanałem; z wyraźnym, wąskim, przylegającym, błoniastym pierścieniem, z wierzchu prążkowanym.
Miąższ: białawy, o słabym zapachu rzodkwi i łagodnym, słabo wyczuwalnym smaku.
Cechy charakterystyczne: białawo-żółtawy kapelusz, biały trzon z odgórnie prążkowanym pierścieniem, ciemny wysyp zarodników.
Łatwo pomylić z: podobne łysiczki (m.in. biaława, łajnowa, czarnozarodnikowa). Pieczarka malutka (jadalna).
Wartość: lekko trująca (zawiera psylocybinę i psylocynę), po 15-120 minutach powoduje przejściowe zatrucie.

Łysiczka niebieskozielona
Stropharia aeruginosa

Nazywana również: pierścieniak grynszpanowy, bedłka grynszpanowa, pieczarka zielona, pierścieniak zielony, pierścieniak opaska zaśniedziała, pierścieniak niebieskozielony.
Występowanie: rośnie niewielkimi kępkami na spróchniałym drewnie (głównie iglastym) i na trocinach, w różnych typach lasów i na obrzeżach łąk; częsta.
Kapelusz: ∅ 2-10 cm, półkolisty, dzwonkowaty do płaskiego, czasem z garbkiem. Niebieskozielony, miedzianozielony, na szczycie żółtawy; z czasem blednący. Na mokro śluzowaty. Skórka łatwo oddzielna. Brzeg długo podwinięty ze zwisającymi białawymi kłaczkami.
Pod kapeluszem: gęste blaszki. **Odcisk kapelusza:** fioletowobrunatny.
Trzon: gruby, rurkowaty, włóknisty, barwy kapelusza; z białawym błoniastym pierścieniem, powyżej którego jest nagi, a poniżej którego pokryty jest białawymi nietrwałymi łuseczkami.
Miąższ: zwarty, miękki, wodnisty, białawy, zielonkawobiały, niebieskawobiały, potem kremowy; czasem z nieznaczną wonią rzodkwi; smak łagodny.
Cechy charakterystyczne: niebieskozielony kapelusz z brzegami pokrytymi białawymi resztkami osłony, trzon w tym samym kolorze ze stosunkowo trwałym perścieniem; białawe ostrza blaszek.
Łatwo pomylić z: łysiczka niebieskawa, łysiczka zielononiebieska.
Uwagi: przez niektórych autorów uważany za jadalny z zastrzeżeniem niskiej wartości (śluz, niewielkie rozmiary), jednak w Stanach Zjednoczonych notowano przypadki zatruć tym gatunkiem, co skłania do powstrzymania się od jego zbierania.

Łysiczka trująca
Hypholoma fascigulare

Nazywana również: maślanka wiązkowa, maślanka jadowita, maślanka trująca, łysiczka wiązkowa, opieńki olszowe żółte, ostrzępka wiązkowa, opieńka fałszywa, opieńka trująca, opieńka wiązkowa.
Występowanie: wyrasta kępkami na próchniejącym drewnie drzew liściastych a czasem iglastych; pospolita.
Kapelusz: ∅ 2-12 cm, dzwonkowato wypukły do płaskiego i pofalowanego; siarkowożółty z tępym ceglastym garbkiem; gładki i suchy; na podwiniętym brzegu nietrwałe resztki żółtawej osłony.
Pod kapeluszem: blaszki gęste, wąskie. **Odcisk kapelusza:** fioletowoszary, fioletowobrązowy.
Trzon: pusty, smukły, łamliwy; siarkowożółty, ku podstawie ciemniejszy; pod kapeluszem słaby brązowy ślad strefy pierścieniowej; z brązoworudymi podłużnymi włókienkami; pod naciskiem brązowy.
Miąższ: niezmienny, cienki, sprężysty, siarkowożółty a w podstawie trzonu brązowawy; o nieprzyjemnym zapachu i bardzo gorzkim smaku.

Cechy charakterystyczne: siarkowożółte drobne owocniki z zielonkawymi blaszkami i ceglastym centrum kapelusza; trzon brązowiejący pod naciskiem; bardzo gorzki smak.
Łatwo pomylić z: łysiczka ceglasta (trująca). Łysiczka łagodna (jadalna).
Wartość: trująca – po 1-3 godzinach pojawiają się biegunka i wymioty.

Mleczaj bladawy

Lactarius pallidus

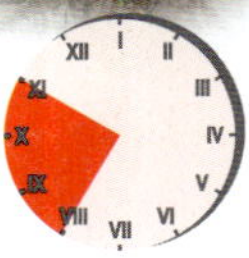

Występowanie: w lasach bukowych oraz dębowych z udziałem leszczyny; częsty.
Kapelusz: ∅ 4-14 cm, masywny; płasko-wypukły do wklęsłego. Jasnożółty, do brudnoochrowego; brak pręg; na mokro lepki i mocno śluzowaty, na sucho błyszczący i nieznacznie żyłkowany.
Pod kapeluszem: stosunkowo gęste blaszki. **Odcisk kapelusza:** jasnożółtawy.
Trzon: gładki, cylindryczny, jaśniejszy od kapelusza, w młodości pełny lecz szybko pusty; u dołu śluzowaty i zwężony; czasem z podłużną bruzdą.
Miąższ: białawy, przy trzonie nieco ochroworudawy, zapach owocowy.
Cechy charakterystyczne: po skaleczeniu wydziela obficie szybko zanikające białe mleczko o niezmiennej barwie, łagodne w smaku lub nieco gorzkawe, po dłuższym żuciu miąższu drapiące w gardle.
Łatwo pomylić z: mleczaj rudobrązowy, mleczaj moszczobarwny.
Wartość: pomimo łagodnego smaku gatunek ten przeważnie uznaje się za niejadalny, chociaż niektórzy autorzy uznają go za jadalny po obgotowaniu. W Skandynawii uznany jest za trujący.

Muchomor czerwony

Amanita muscaria

Nazywany również: bedłka, bedłka muchomor, muchar czerwony, muchomor pospolity, muchomor zwyczajny, muchomór prawdziwy, muchorówka, muchotrutka, muszorka, muchoraj, muchajer, muchota, marynuch, muszarka, muchomorka.
Występowanie: w lasach iglastych i liściastych, zwłaszcza na glebach kwaśnych w towarzystwie brzóz lub świerków; pospolity.
Kapelusz: ∅ 5-20 cm, półkulisty do rozpostartego; żywo czerwony, żółtoczerwony, pomarańczowoczerwony. Błyszczący, na mokro lepki, regularnie pokryty białymi nietrwałymi łatkami. Brzeg gładki, na starość prążkowany.
Pod kapeluszem: blaszki. **Odcisk kapelusza:** biały.
Trzon: cylindryczny z bulwiastą podstawą pokrytą rzadkimi brodawkowatymi pasemkami, powyżej której usłany jest nielicznymi kosmkami; biały lub żółtawy. Pierścień zwieszony, gładki, biały lub białożółtawy.
Miąższ: niezmienny, kruchy, biały a pod skórką kapelusza żółty do żółtopomarańczowego. Bezwonny, o łagodnym smaku.

Cechy charakterystyczne: białe blaszki, trzon i pierścień oraz czerwony kapelusz pokryty białymi łuseczkami sprawiają, że jest to chyba najłatwiejszy do rozpoznania gatunek w naszym kraju.

Łatwo pomylić z: muchomor królewski ma żółtobrązowy kapelusz.
Wartość: trujący – zawiera muscimol i kwas ibotenowy (oraz w niewielkiej ilości muskarynę), działa pobudzająco, powodując drgawki, oszołomienie a potem sen; objawy ustępują po kilku godzinach, zatrucia rzadko śmiertelne.

Muchomor królewski

Amanita regalis

Występowanie: spotykany głównie w lasach iglastych (świerk, czasem sosna) na południu Polski, rzadziej w lasach liściastych. Preferuje gleby kwaśne.
Kapelusz: ∅ 5-20 cm, półkulisty do rozpostartego. Na mokro lepki, na sucho błyszczący. Złotoorzechowy, często z ciemniejszym środkiem, usłany białawymi lub żółtawymi łatkami. Brzeg na starość prążkowany.
Pod kapeluszem: gęste blaszki. **Odcisk kapelusza:** biały.
Trzon: walcowaty ze zgrubiałą podstawą, rurkowaty, pokryty kłaczkowatymi ochrowymi resztkami osłony. Białawy do żółtawego, z białym pierścieniem; łamliwy.
Miąższ: niezmienny, w kapeluszu biały a pod skórką żółty do żółtobrązowego, w trzonie żółtawy do bladoochrowego. Słabo wyczuwalny zapach, łagodny smak.
Cechy charakterystyczne: żółtobrązowy kapelusz, usłany białożółtymi łatkami.
Łatwo pomylić z: muchomor plamisty (trujący), muchomor twardawy (jadalny).

Muchomor zielonawy

Amanita phalloides

Nazywany również: muchomor sromotnikowy, muchomor bulwiasty, podsadka słupiakowata.
Występowanie: w lasach liściastych i mieszanych, rzadziej w iglastych; preferuje towarzystwo dębów, buków, brzóz, czasem sosen.
Kapelusz: ∅ 5-15 cm, jajowaty do płaskiego. Białawozielonawy, żółtawozielonawy, oliwkowobrązowy; blaknący; ciemniejszy na środku. Promieniście wrośnięte w skórkę ciemniejsze włókienka. Łatek brak lub nieliczne. Gładki, na mokro lepki, na sucho błyszczący. Brzeg jaśniejszy i tylko na starość nieznacznie prążkowany. Skórka łatwo oddzielna.
Pod kapeluszem: gęste blaszki. **Odcisk kapelusza:** biały.
Trzon: pełny do watowatego; od bulwiastej podstawy zwęża się stopniowo ku szczytowi. Osadzony w wysokiej, odstającej, białej pochwie. Barwy kapelusza z zygzakowato ułożonymi łuseczkami. Pierścień zwieszony, białawy do żółtawego, gładki lub nieznacznie karbowany, na starość zanikający.
Miąższ: niezmienny, w kapeluszu miękki, w trzonie twardy. Biały, tuż pod skórką kapelusza nieco żółtozielonawy. Zapach słodkawy za młodu i ziemniaczany na starość, smak przyjemny słodkoorzechowy **(próba smakowa zabroniona!)**.
Cechy charakterystyczne: posiada pierścień, pochwę, słodkawy zapach i zawsze jasne blaszki oraz zielonkawy kapelusz z wrośniętymi ciemniejszymi kosmkami.
Łatwo pomylić z: śmiertelnie trujące: muchomor wiosenny oraz stosunkowo rzadki muchomor jadowity.
Wartość: śmiertelnie trujący – wystarczy 30-50g, by zakończyć konsumpcję zgonem. Uszkadzająca komórki amanityna nie rozkłada się podczas obróbki termicznej i prowadzi do uszkodzenia wątroby. Objawy (bóle brzucha, wymioty, biegunka) pojawiają się dopiero po kilku godzinach (a czasem nawet po dwóch dobach) od spożycia.
Uwagi: w starożytności wykorzystywany był jako trucizna. Potoczne nazywanie muchomora zielonawego „sromotnikiem" jest obraźliwe dla jadalnego za młodu sromotnika smrodliwego i wprowadza zamieszane, gatunków tych nic bowiem nie łączy.

Piestrzenica kasztanowata

Gyromitra esculenta

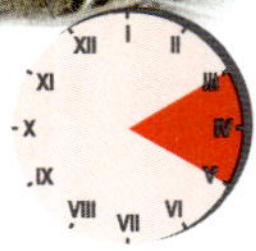

Nazywana również: babie uszy, babi uch, babieusz, grzyb majowy.
Występowanie: w sosnowych lasach, młodnikach i zrębach; na glebach piaszczystych; stosunkowo częsta.
Główka: ∅ 5-12 cm, nieregularnie kulista lub jajowata, wyraźnie pofałdowana (czasem jak kora mózgowa) żółtobrązowa do ciemnobrązowej i czarnobrązowej; w środku pusta; wewnętrzna ściana kremowa.
Trzon: pofałdowany na zewnątrz i wewnątrz, wypełniony jamkami; białawocielisty, czasem z nieznacznym odcieniem fioletu.
Miąższ: kruchy, biały; konsystencja chrząstki lub wosku. Aromatyczny słaby zapach i nieokreślony smak.
Cechy charakterystyczne: kruchy owocnik pusty w środku, składający się z białego trzonu i brązowej pomarszczonej (nie jamkowatej) główki.
Łatwo pomylić z: piestrzenica olbrzymia, piestrzenica infułowata.
Początkujący grzybiarz może mylić piestrzenice głównie z jadalnymi smardzami, które jednak mają zupełnie inną budowę główki: nie jednolitą i pomarszczoną, lecz jamkowatą i pokrytą otworami jak plaster miodu.
Wartość: trująca. zawiera gyromitrynę, która uszkadza czerwone krwinki, niszczy nerki i wątrobę. Trujące składniki wprawdzie rozkładają się i ulatniają podczas gotowania i suszenia, ale samo wdychanie oparów z gotujących się owocników wystarczy do wywołania zatrucia (ujawniającego się czasem po wielu dniach).

Strzępiak poszarpany

Inocybe lacera

Nazywany również: bedłka poszarpana.
Występowanie: przeważnie grupami, w lasach iglastych i mieszanych, przy drogach, na wypaleniskach; w miejscach suchych, piaszczystych lub gliniastych; częsty.
Kapelusz: ∅ 1-6 cm, za młodu dzwonkowato-stożkowaty, z wiekiem rozpostarty do płaskiego; na środku – tępy garbek. Powierzchnia włóknista, filcowata, czasem pokryta sterczącymi splątanymi łuseczkami; brązowa z odcieniem szarym lub ochrowym, na środku nieznacznie ciemniejsza. Brzeg początkowo podwinięty, z czasem prosty i usłany białawymi resztkami zasnówki.
Pod kapeluszem: blaszki stosunkowo rzadkie; brudnobiałe do brązowych, ostrze jaśniejsze.
Odcisk kapelusza: brązowy.
Trzon: pełny, walcowaty, równy lub zwężający się ku podstawie; wełnisto-włóknisty; koloru kapelusza a czasem w jaśniejszym odcieniu; przy podstawie białawy.

Miąższ: cienki, włóknisty, w kapeluszu biały do kremowego, w trzonie szarawy do brązowawego. Zapach mączny; smak łagodny, nieco kwaskowy.
Cechy charakterystyczne: brązowy owocnik o łuseczkowatym kapeluszu, włóknistym trzonie i białawobrązowych blaszkach. Rośnie pod drzewami iglastymi.
Łatwo pomylić z: strzępiaki charakteryzują się dużą zmiennością i łatwo o pomyłkę w oznaczeniu. Do podobnych gatunków należą m.in.: strzępiak słodkogorzki, strzępiak wełnisty.

Tęgoskór cytrynowy
Scleroderma citrinum

Nazywany również: tęgoskór pospolity, tęgoskór żółtawy, trufla fałszywa.
Występowanie: przeważnie grupami, wyrasta w widnych lasach iglastych a czasem liściastych i na ich obrzeżach, na ubogich piaszczystych glebach, przy drogach, na ziemi a czasem na drewnie; pospolity.
Owocnik: ∅ 3-12 cm, kulisty, bulwiasty lub w formie leżącego jaja.
Zewnętrzna ściana: bardzo gruba, jasnożółta przez cytrynowoochrową do brudnoceglastej, zwłaszcza na szczycie nieregularnie poletkowato spękana. Na przekroju biała i jędrna, w suchych owocnikach brudnoceglasta i twarda. Od góry rozpada się na nierówne płaty.
Płodna część: znajduje się wewnątrz owocnika, za młodu jest bardzo jędrna, ma strukturę marmurkowatą jak trufle; we wczesnej młodości biała, stopniowo różowieje, by stać się szarofioletowa, a ostatecznie fioletowoczarna i pylista.
Cechy charakterystyczne: żółtawy owocnik o grubej ścianie zewnętrznej i bez trzonu, z marmurkowym fioletowoczarnym wnętrzem i poletkowato popękaną skórką.
Łatwo pomylić z: tęgoskór brodawkowany, tęgoskór kurzawkowy.
Wartość: trujący – powoduje niedyspozycje żołądkowe – choć mimo to bywał mylony z truflami i zbierany, a następnie suszony i proszkowany, stosowany w formie przyprawy.
Uwagi: na owocnikach tęgoskóra cytrynowego pasożytuje czasem *Pseudoboletus parasiticus*.

Wilgotnica czerniejąca
Hygrocybe conica

Nazywana również: wilgotnica stożkowata, wilgotnica wysmukła, bedłka koniczna.
Występowanie: pojedynczo lub po kilka, w wilgotnych trawiastych miejscach, na łąkach, pastwiskach, murawach, leśnych polanach i obrzeżach lasów; stosunkowo częsta.
Kapelusz: ∅ 2-10 cm, ostrostożkowaty do rozpostartego; brzeg często popękany, szczyt stożkowaty. Żółtopomarańczowy z domieszką czerwieni lub cały czerwony, szybko szarzejący i czerniejący. Suchy, gładki, z delikatnymi promienistymi włókienkami.
Pod kapeluszem: blaszki szerokie, bardzo kruche, stosunkowo gęste, różnej długości.
Odcisk kapelusza: biały.
Trzon: pusty, prosty, walcowaty, suchy; cytrynowożółty a potem szarzejący i czerniejący, u dołu białawy; za młodu niemal gładki, z czasem z włóknistymi podłużnymi spękaniami.
Miąższ: kruchy, cienki, żółtawy, przeważnie wodnisty, na przekroju szybko czerniejący. Słaby owocowy zapach, łagodny nieco cierpki smak.
Cechy charakterystyczne: żółtopomarańczowe ubarwienie zmieniające się na czarne, czerniejący miąższ.
Łatwo pomylić z: niektórzy autorzy rozróżniają wilgotnicę stożkowatą o mniejszych owocnikach od wilgotnicy czerniejącej o większych owocnikach, różnic makroskopowych poza rozmiarami trudno się dopatrzeć a mikroskopowe są nieznaczne.
Wartość: słabo trująca, powoduje zaburzenia trawienie.

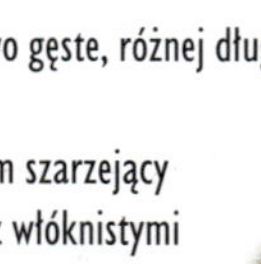

Wilgotnica ostrostożkowata

Hygrocybe acutoconica

Nazywana również: wilgotnica trwała.
Występowanie: gromadnie na łąkach, pastwiskach, brzegach lasów lub w widnych lasach i parkach; głównie na południu Polski; stosunkowo rzadka.
Kapelusz: ∅ 1-8 cm, w młodości dzwonkowaty, z wiekiem płaski, na szczycie zakończony uwypukleniem. Kolor żółty, czasem z odcieniami pomarańczowego lub czerwonego; na krawędzi jaśniejszy (do białego); gdy wyschnie – kremowożółty. Powierzchnia gładka, śluzowata, u wilgotnych okazów na brzegu kapelusza widoczne pręgi i przeświecające blaszki. Na starość brzeg staje się pofalowany i czasem popękany.
Pod kapeluszem: blaszki różnej długości, stosunkowo rzadkie.
Odcisk kapelusza: biały.

Trzon: cylindryczny, gąbczasty, na starość pusty. Koloru kapelusza, prosty lub delikatnie wygięty, czasem węższy przy podstawie (tam często białawy). Powierzchnia lepka, pokryta drobnymi włókienkami.
Miąższ: w kapeluszu bardzo cienki, niezmienny, jasnożółty; bezwonny, o łagodnym smaku.
Cechy charakterystyczne: żółty owocnik (zarówno kapelusz, jak i trzon oraz blaszki) o niezmiennym miąższu.
Łatwo pomylić z: wilgotnica czerniejąca.
Wartość: słabo trująca, powoduje chwilowe niedyspozycje żołądkowe.

Zasłonak cynamonowy

Cortinarius cinnamomeus

Nazywany również: bedłka cynamonowa, cynamonka, opieńki, skórzak cynamonowy.
Występowanie: rośnie grupami w lasach iglastych (świerki, sosny) i liściastych, w miejscach wilgotnych, wśród mchów; pospolity.
Kapelusz: ∅ 1,5-8 cm, za młodu łukowaty, półkulisty, z wiekiem płasko-wypukły, rozpostarty; w środkowej części z niewielkim garbkiem; suchy, matowy, gładki, czasem delikatnie włókniście zamszowaty lub łuseczkowaty. Brzeg w młodości podwinięty, z czasem wyprostowany. Barwa oliwkowocynamonowa, żółtobrązowa, orzechowobrązowa, czasem czerwonawobrązowa; przy brzegu oliwkowożółta.
Pod kapeluszem: blaszki cienkie, nierówne, wykrojone; ochrowożółte, ochrowooliwkowe do rdzawopomarańczowych; ostrze czasem pokryte rdzawymi plamkami.
Odcisk kapelusza: rdzawobrązowy.

Trzon: walcowaty, smukły, suchy, u góry żółtozielony, u dołu cynamonoworudy; z jedwabistym połyskiem; na dole pokryty delikatnie rdzawobrunatnymi włókienkami (resztki osłony), u góry widoczne żółtordzawe resztki szybko zanikającej zasnówki.
Miąższ: mięsisty jedynie na środku kapelusza; bladożółty, przy podstawie trzonu przeważnie ciemniejszy; słabo wyczuwalny stęchły zapach rzodkwi i słaby, choć nieprzyjemny, czasem gorzkawy smak.
Cechy charakterystyczne: blaszki nigdy nie są cytrynowożółte, w przeciwieństwie do podobnych gatunków.
Łatwo pomylić z: zasłonakiem purpurowoblaszkowym, zasłonakiem jabłkowatym, zasłonakiem cyamonowożółtym (w Polsce rzadko spotykane).
Wartość: Trujący (zawiera orellaninę uszkadzającą nerki).

Zasłonak żółtopurpurowy

Cortinarius purpureus

Nazywany również: zasłonak miedzianordzawy.
Występowanie: w lasach iglastych (świerk, jodła), mieszanych i liściastych (sosna, brzoza, buk) na glebach obojętnych i kwaśnych.
Kapelusz: ∅ 0,4-1,2 cm, za młodu półkulisty, stożkowaty, z czasem łukowaty, dzwonkowaty do rozpostartego; z tępym garbkiem; czerwonobrązowy, miedzianobrązowy, z ciemniejszym środkiem i karminowym (czasem podwiniętym) ostrym jaśniejszym brzegiem, na starość blaknący do rdzawobrązowoczerwonego. Gładki, matowy, z włókniście pilśniowanym brzegiem lub cały delikatnie pilśniowy.
Pod kapeluszem: blaszki stosunkowo gęste, bordowe, krwiste z pomarańczowym lub jasnoczerwonym (i czasem nieco ząbkowanym) ostrzem, na starość bladopomarańczowe; zasnówka żółta.
Odcisk kapelusza: rdzawobrązowy.
Trzon: za młodu pełny, z wiekiem może być pusty; walcowaty, sprężysty, nieco pokrzywiony, u podstawy czasem nieco grubszy i z żółtą grzybnią; żółty, na środku złotożółty; od dołu usłany brązowczerwonymi, pomarańczowymi lub krwistoczerwonymi włókienkami zasnówki.
Miąższ: na środku kapelusza gruby, przy brzegach cienki; w kapeluszu brudnożółty z odcieniem jasnooliwkowym lub szaroochrowożółtawy a bezpośrednio pod skórką różowy; zapach rzodkwi, smak gorzki.
Cechy charakterystyczne: bordowe blaszki jak i paseczki zasnówki na żółtym i często pogiętym trzonie, zapach rzodkwi.
Łatwo pomylić z: dawniej wyróżniano zasłonak miedzianordzawy o większych owocnikach – dziś uznawane są za jeden gatunek.

!

W epoce hipermarketów, zaopatrzenie się w świeże pieczarki czy boczniaki – a nawet bardziej egzotyczne gatunki, jak azjatyckie shiitake – nie stanowi dziś problemu o dowolnej porze dnia i nocy. Jednak o ileż więcej przyjemności można mieć, konsumując grzyby nie zakupione, nawet nie własnoręcznie znalezione i zebrane w lesie, lecz samodzielnie wyhodowane!
W dobie Internetu nie stanowi to problemu – bez względu na to, gdzie mieszkamy, możemy tą drogą zaopatrzyć się w cały zestaw, niezbędny do prowadzenia naszej domowej uprawy. Z naciskiem na „domowej", gdyż nastały czasy, w których nie musimy posiadać ogrodu, a w nim pniaka czy kłody, by cieszyć się własną hodowlą grzybów. Wystarczą nam: względnie ciepły pokój z oknem (choć okno nie zawsze jest wymogiem – jak w przypadku pieczarek, które uprawiać możemy nawet w piwnicy), zraszacz do kwiatów, lejek, woda, foliowa torba, szczere chęci i trochę zaangażowania. W otrzymanym zestawie znajdziemy podłoże zaszczepione grzybnią, a naszym zadaniem będzie jedynie jego podlewanie (a raczej zraszanie) i zapewnianie odpowiedniej temperatury otoczenia, a na końcu – konsumpcja owocników. Od producenta podłoża otrzymamy wprawdzie instrukcję uprawy, możemy też liczyć na poradę z jego strony. Jednak pierwszym krokiem powinno być zdobycie podstawowej wiedzy na dany temat przez czytelnika, stąd też poniższa próba zainteresowania Państwa tym przyjemnym i smacznym hobby, poprzez opisowe zaprezentowanie całego procesu uprawy kilku najpopularniejszych, najsmaczniejszych i najciekawszych gatunków.
Należy nadmienić, że mogą istnieć różnice w metodach uprawy i owocności plonów w przypadku różnych producentów podłoża. Poniższe opisy mają na celu jedynie zobrazowanie czytelnikowi ogólnych procesów, zachodzących w trakcie samodzielnej uprawy opisanych gatunków w warunkach domowych.

GATUNKI HODOWANE W DOMU

Pieczarka biała

Agaricus bisporus

Pomimo powszechnej dostępności rynkowej pieczarek, możemy pokusić się o ich samodzielną uprawę. W tym celu potrzebne jest nam pomieszczenie o temperaturze w przedziale 12-25°C (dostęp do światła nie ma znaczenia, może więc to być piwnica lub garaż).

Do przeprowadzenia hodowli pieczarki w warunkach domowych, potrzebne jest nam podłoże zaszczepione grzybnią oraz ziemia do jego przykrycia.

By rozpocząć hodowlę, podłoże z grzybnią przykrywamy rozkruszoną ziemią na grubość 3 cm (bez uklepywania) i podlewamy, pilnując codziennie, by ziemia nie przeschła, ale też by nie była zbyt mokra (na dnie pojemnika nie może stać więcej wody niż na 1 cm głębokości). Do podlewania najlepiej posłuży nam konewka z sitkiem lub zraszacz do kwiatów. Po przykryciu folią, zapewniamy uprawie temperaturę otoczenia pomiędzy 20 a 25°C.

Po tygodniu–dwóch na powierzchni pojawia się biały nalot – grzybnia, która powinna równomiernie pokryć podłoże, nie wystając ponad nie (jeśli tak się stanie – przenosimy uprawę do pomieszczenia z temperaturą 12-18°C, bowiem zbyt wysoka temperatura wprawdzie skróci czas oczekiwania na pojawienie się owocników, ale negatywnie wpłynie na ich ilość). By ratować sytuację, możemy przykryć białe wystające fragmenty grzybni pozostałą ziemią, a jeśli jej nie mamy – zeskrobujemy wierzchnią warstwę ok. 0,5 cm ziemi i nawilżamy uprawę.

Gdy będzie za sucho – małe grzyby będą zamierały w górnej warstwie ziemi, gdy za mokro – grzyby się uduszą.

Usuwamy folię, oczekując na wykształcenie się owocników – by po około 20-30 dniach cieszyć się pierwszym zbiorem.

Gdy kapelusze zaczną się lekko rozchylać, grzyby wykręcamy, uważając, by nie uszkodzić sąsiednich owocników. Pilnujemy również, by na uprawie nie zalegały resztki zebranych grzybów ani martwe owocniki, mogące się stać pożywką dla owadów. Ryzyko inwazji mszyc, których larwy wysysają grzybnię i zmniejszają nasze plony, jest mniejsze w temperaturze 10-15°C – wówczas na zbiory oczekujemy dłużej, ale są one lepsze jakościowo.

Po pierwszym zbiorze dbamy również o utrzymywanie stałej wilgotności na powierzchni uprawy – pozwoli nam to cieszyć się kolejnymi zbiorami co 1-2 tygodnie przez około 4 miesiące.

Przed konsumpcją należy pamiętać o umyciu owocników i usunięciu brudnych podstaw trzonów.

W ten sam sposób możemy również uprawiać pieczarkę brązową.

Boczniak mikołajkowy

Pleurotus eryngii

Poza boczniakiem dostępnym powszechnie w sklepach, warto zainteresować się bardzo aromatycznym boczniakiem mikołajkowym (ze względu na walory smakowe zwanym również boczniakiem królewskim), który rośnie na korzeniach uschniętych drzew liściastych na obszarach Afryki Północnej i Azji Centralnej, a także Europy Wschodniej (w Polsce od 2014 r. jest pod ochroną). Zafoliowaną kostkę z grzybnią przez pierwsze dwie doby schładzamy w temperaturze 0-12°C. Po tym czasie zapewniamy temperaturę otoczenia w granicach 18-20°C, rozcinamy szczyt folii i przez około dwa tygodnie spryskujemy kostkę 2-3 razy dziennie, zapewniając jej jednocześnie odpowiednie naświetlenie (pomieszczenie z oknem). Po tym czasie na powierzchni kostki pojawiają się zawiązki grzybów, a wymagania temperaturowe zmniejszają się do 14-18°C. Odcinamy wówczas górną część worka, pozostawiając dolną w charakterze doniczki. Całość przykrywamy większą folią, odsłaniając kostkę 2-3 razy dziennie na kilka minut, by spryskać wodą kostkę oraz wewnętrzną stronę folii. Po około tygodniu takich zabiegów możemy się cieszyć pierwszymi zbiorami. Gdy już zbierzemy plon, musimy zdrapać z powierzchni podłoża warstwę starej zeschniętej grzybni ostrym szpikulcem, a następnie spłukać resztki wodą. Po kilku dniach przerwy nawadniamy kostkę – dostarczając wodę za pomocą strzykawki lub wlewając przez lejek wbity w górną powierzchnię kostki. Po odpowiednim nawodnieniu, kostka jest gotowa do wydania kolejnych owocników.

Łuskwiak nameko

Pholiota nameko

Łuskwiak nameko to gatunek azjatycki, wyrastający na martwym drewnie dębów i buków w północnej Japonii i zimniejszych rejonach Chin. W Polsce możemy samodzielnie uprawiać go w domu, zakupiwszy gotową zafoliowaną kostkę z grzybnią.
Na początku zapewniamy temperaturę otoczenia w granicach 10-13°C i odpowiedni dostęp światła (pomieszczenie z oknem). Rozcinamy worek na szczycie i tą drogą 2-3 razy dziennie zraszamy kostkę wodą.
Po tygodniu pojawiają się pierwsze zawiązki owocników – wówczas należy rozciąć worek na całej szerokości, przenosząc kostkę do pomieszczenia o temperaturze 13-19°C. Codziennie 2-4 razy spryskujemy kostkę. Jeśli owocniki zaczną napierać na folię, zdejmujemy ją całkowicie i zastępujemy większą torbą foliową. Torbę zdejmujemy codziennie 2-3 razy na kilka minut, by spryskać kostkę i wnętrze torby. Po 5-8 tygodniach przystępujemy do zbiorów.

Po zbiorze, zdrapujemy warstwę starej żółtej grzybni za pomocą ostrego szpikulca, resztki wypłukując wodą. Odczekawszy kilka dni, uzupełniamy zapas wody w kostce, aplikując ją za pomocą strzykawki lub wlewając przez lejek wbity w górną powierzchnię kostki. Możemy wówczas ponownie liczyć na plon.

Soplówka jeżowata

Hericium erinaceus

Soplówka jeżowata występuje w Polsce na żywym i martwym drewnie buka i dębu, jest jednak bardzo rzadka i objęta ochroną prawną. Możemy natomiast samodzielnie uprawiać ją w domu na kostce zaszczepionej grzybnią.
By kostka mogła „oddychać", wycinamy w górnej części folii okienko. Tą drogą zraszamy codziennie kostkę za pomocą spryskiwacza. Pożądana temperatura otoczenia to 10-20°C, odpowiedni dostęp

światła zostanie zapewniony w pomieszczeniu z oknem. Wyższa temperatura otoczenia przy mniejszej ilości światła jest dopuszczalna – jednak skutkuje to owocnikami niższej jakości. Dla zapobieżenia przeschnięcia grzybni, możemy ją przykryć większą torbą foliową. Jeśli rosnące owocniki zaczną napierać na worek, usuwamy całą jego górną część, zostawiając dolną w charakterze doniczki. Nie zapominamy jednak o pozostawieniu kostki w luźnej torbie foliowej, którą codziennie zdejmujemy na kilka minut, by spryskać wodą jej wnętrze. Po tygodniu zauważymy pierwsze zawiązki grzybów, a po kolejnym tygodniu wykształci się jeden lub kilka owocników, których waga dochodzi do jednego kilograma. Gdy owocnik zacznie żółknąć, oznaczać to będzie, że nadeszła pora konsumpcji (z czym nie należy zwlekać, aby nie stał się on gorzki).
Po dokonaniu zbioru, zdrapujemy z kostki starą warstwę grzybni za pomocą np. gwoździa, wypłukując resztki wodą. Po paru dniach nawadniamy kostkę, uzupełniając wodę przy użyciu strzykawki lub za pomocą lejka wbitego w górną powierzchnię kostki – jest ona wówczas gotowa do wydania kolejnego plonu.

Twardziak jadalny

(shii-take) *Lentinula edodes*

Twardziak jadalny znany jest w Chinach i Japonii pod nazwą shiitake i wysoko ceniony w tamtejszej kuchni. Jego owocniki coraz częściej można również spotkać w polskich hipermarketach – obok rodzimych pieczarek czy boczniaków. Nic nie stoi jednak na przeszkodzie, aby uprawiać ten egzotyczny gatunek pod własnym dachem na gotowych kostkach z grzybnią. Przez pierwsze 2 dni pozwalamy kostce zaklimatyzować się w nowych warunkach, pozostawiając ją zafoliowaną w pomieszczeniu, w którym będziemy prowadzili naszą hodowlę. Następnie worek rozcinamy i całkowicie zdejmujemy z kostki, którą ustawiamy na talerzu i przykrywamy luźniejszym workiem. Codziennie 2-3 razy zdejmujemy worek na kwadrans, by spryskać wodą jego wnętrze". Po kilku dniach możemy liczyć na zbiór – lecz aby jeszcze bardziej wspomóc proces wzrostu, wskazane jest wystawianie kostki na dwór na noc (nawet przy lekko minusowej temperaturze). Dojrzałe owocniki odcinamy ostrym nożem tuż przy podłożu, by reszta trzonu nie wystawała ponad powierzchnię kostki, nie przyciągając pleśni.
Po pierwszym zbiorze przesuszamy kostkę przez tydzień, a następnie moczymy w zimnej wodzie przez około dobę (woda musi ją całkowicie przykrywać). Następnie wyjmujemy kostkę i pozostawiamy na kilka godzin bez przykrycia, a potem przykrywamy workiem, oczekując na kolejny zbiór. Wydajność jednej kostki to około 4-5 rzutów.

JAK
kupować grzyby

Sztuka odpowiedzialnego i owocnego zbierania grzybów to kwestia istotna, jednak sztuką jest również ich roztropne kupowanie. Na proste pytanie „jak kupować grzyby?" nasuwa się prosta odpowiedź: kupować odpowiedzialnie, wybierając dorodne okazy z „bezpiecznych" źródeł. Temat ten wymaga jednak szerszego omówienia.

Pytanie podstawowe brzmi: gdzie kupujemy grzyby? Jeśli w supermarkecie, to są to gatunki hodowlane i pewne (boczniaki, pieczarki, shiitake), których prawidłowe oznaczenie wziął na siebie ich producent. Wówczas naszym jedynym problemem jest wybór świeżych owocników – przy czym „młody" nie zawsze oznacza „świeży", rozmiar kapelusza nie jest bowiem cechą świadczącą o świeżości.

Na przykład w przypadku pieczarek warto kupować owocniki o jeszcze nie odsłoniętych blaszkach. Zasłonięte blaszki świadczą bowiem o tym, że grzyby były niedawno zebrane i prawidłowo przechowywane. Blaszki odsłonięte oznaczają, że grzyby były zebrane stosunkowo dawno (co nie przekreśla ich przydatności do spożycia, jednak zmniejsza ich wartość kulinarną) i zdążyły się już „otworzyć". Jak widać na załączonym zdjęciu nie należy się sugerować rozmiarem kapelusza – ponieważ większy owocnik może być znacznie świeższy (czyli niedawno zebrany, bo o zasłoniętych blaszkach), niż mniejszy owocnik (czyli zebrany dawno, bo o blaszkach odsłoniętych).

Trochę trudniej jest ocenić świeżość kupowanych boczniaków czy shiitake – bowiem te gatunki są w Polsce sprzedawane przeważnie w zafoliowanych porcjach, a nie na wagę, jak pieczarki. Nie mamy więc okazji, by dokładnie obejrzeć kapelusze – musimy zdać się na pobieżną ocenę wzrokową. Najsensowniej będzie, jeśli potraktujemy grzybowe zakupy tak, jakbyśmy wybierali warzywa czy owoce – oceniając, czy kapelusze są pomarszczone i wodniste, czy też gładkie i jędrne.

Zdarza nam się jednak kupować grzyby z mniej pewnych źródeł – na ulicznych czy przydrożnych straganach. Nasz rozsądek jest wodzony na pokuszenie za sprawą koszy pełnych dorodnych, wielkich, apetycznych okazów. Wówczas czujność musi być większa, bo nie mamy już do czynienia z gatunkami uprawnymi, lecz z dziko rosnącymi, które sprzedający je grzybiarz oznaczył najprawdopodobniej samodzielnie. W przypadku zakupu grzybów na ulicy, musimy stosować zasadę ograniczonego zaufania. Dobrze, jeśli posiadamy podstawową wiedzę na temat gatunku, który chcemy zakupić – tak, jakbyśmy sami go zbierali w lesie. Warto też powstrzymać łakomstwo, jeśli mamy wątpliwości co do jadalności sprzedawanych owocników. Faktycznie uliczni sprzedawcy mają często wieloletnie doświadczenie w zbieraniu grzybów, jednak coraz częściej można spotkać w tej roli przypadkowe osoby bezrobotne, nastolatków czy wręcz dzieci, a wówczas o pomyłkę nie jest trudno. Należy pamiętać, że w przypadku tego typu handlu mamy do czynienia może czasem z nawet bardzo dobrymi amatorami, ale jednak z amatorami, którzy niekiedy popadają w rutynę i tracą czujność podczas oznaczania zebranych gatunków – nie zaś z profesjonalnymi grzyboznawcami, którzy z imienia i nazwiska odpowiadają za swoje werdykty.

Poza samą jadalnością kupowanych grzybów, ważną kwestią jest również miejsce ich pozyskania – nie wiemy wszak, czy handlarz przed nami stojący nie zerwał oferowanych nam grzybów np. w szkółce drzew, opryskiwanej środkami chemicznymi lub na terenach skażonych (nie mówiąc o naszym czystym sumieniu, gdy kupujemy grzyby w pobliżu parku narodowego czy rezerwatu przyrody – a więc w miejscach, w których nie wolno w ogóle zbierać grzybów).

Istnieje jednak i trzecia możliwość – zakup grzybów na straganach. W tym przypadku nasze zaufanie do sprzedawcy jest większe, bo w końcu jesteśmy na bazarze, więc ktoś to chyba kontroluje i nie może tu sprzedawać pierwszy lepszy niedzielny zbieracz, prawda? Formalnie owszem, na każdym większym bazarze powinien znajdować się klasyfikator, który zajmuje się rozpoznawaniem grzybów i wydawaniem sprzedawcom atestów, uprawniających ich do sprzedaży. Warto więc zapytać sprzedawcę, czy posiada odpowiedni dokument – niestety w rzeczywistości większość klientów bagatelizuje tę kwestię. Brak takiej osoby na targowisku nie zwalnia sprzedawcy od uzyskania zgody na sprzedaż grzybów, gdyż w najbliższej Stacji Sanitarno-Epidemiologicznej może on uzyskać stosowny certyfikat sprzedaży. Sanepid wydaje również sezonowym zbieraczom czasowe pozwolenia na sprzedaż świeżo zebranych przez nich grzybów na okres dwóch dni, a w przypadku grzybów suszonych – na okres sześciu miesięcy.

Jeśli jednak uprzemy się i zakupimy grzyby „w ciemno", zawsze możemy udać się do najbliższej stacji Sanepidu, gdzie specjalista bezpłatnie oceni przydatność do spożycia przyniesionych przez nas okazów.

SŁOWNICZEK trudnych nazw

Aksamitny – o powierzchni *kapelusza* składającej się ze strzępek o końcach układających się prostopadle do powierzchni gęstą warstwą, przypominającą aksamit.
Baryłkowaty, beczkowaty – o *trzonie* pękatym jak beczka: krótkim, grubym, nieco zwężonym na obu końcach.
Blaszeczki – krótkie blaszki ulokowane między *blaszkami* przy brzegu *kapelusza*, nie sięgające *trzonu*.
Blaszki – cienkie i płaskie struktury, pionowo zwisające pod *kapeluszem*, z obu stron pokryte warstwą zarodnikotwórczą **(s. 8, 9)**.
Boczny – o *trzonie* usadowionym z boku *kapelusza*.
Brodawkowaty – pokryty niskimi tępymi wyrostkami.
Bruzdkowany – pokryty rynnowatymi wgłębieniami.
Brzuchate – o *blaszkach* rozszerzonych w części centralnej.
Bulwa, bulwka, bulwiasta – o podstawie *trzonu* z kulistym zgrubieniem, np. u niektórych muchomorów **(s. 68)**.
Centralny – o *trzonie* przyrośniętym na środku spodniej części *kapelusza*.
Chropowaty – o powierzchni szorstkiej, niewyraźnie urzeźbionej.
Cylindryczny – o *trzonie* jednakowo grubym na całej wysokości, okrągłym na przekroju poprzecznym.
„Czarcie jajo" – *„jajo"*.
Falisty – o brzegu *kapelusza* łagodnie i nieregularnie pofalowanym.
Filcowaty – pokryty gęsto splecionymi *strzępkami*, tworzącymi filcopodobną warstwę.
Garbek – wybrzuszenie, znajdujące się na środku *kapelusza*.
Gąbczasty – o konsystencji gąbki.
Gładki – o powierzchni bez wyrostków, włosków ani wgłębień.
Główka – górna cześć *owocnika* (odpowiednik *kapelusza* u gatunków takich jak sromotnik, hełmik, patyczka, piestrzyca, piestrzenica), mniej lub bardziej kulista, osadzona na trzonie. Przykład: patyczka lepka **(s. 82)**.
Gruzełki – drobniutkie ziarniste twory na powierzchni *trzonu*.
Grzbiet blaszki – krawędź *blaszki* przyrośnięta do *kapelusza*, położona naprzeciwko *ostrza*.
Hymenofor - część *owocnika* z warstwą wytwarzającą zarodniki (np. *blaszki*, *rurki* lub *listewki*)
Grzybnia – podstawowy, właściwy organ grzyba, rozwijający się w podłożu.
„Jajo" – niedojrzały, kulisto-jajowaty *owocnik* sromotników, mądziaków czy okratków, pokryty grubą galaretowatą *osłoną*. Przykład: sromotnik bezwstydny **(s. 85)**.
Jedwabisty – o powierzchni połyskującej a jednocześnie nitkowatej pod względem budowy.
Jędrny – nie uginający się pod naciskiem.
Kanalikowaty, kanalikowo wydrążony – o *trzonie* pustym lecz z otworem o bardzo małym świetle.
Kanciaste – kształt *porów* z tępymi kantami.
Kapelusz – mniej lub bardziej spłaszczona górna część *owocnika* grzybów kapeluszowych, osadzona na *trzonie* **(s. 8)**.
Karbowany – o powierzchni żłobionej (promieniście w przypadku *pierścienia* lub brzegu *kapelusza*, a równolegle i wzdłużnie w przypadku *trzonu*).
Kępka – forma wzrostu np. łuskwiaków, których *trzony* wyrastają z jednego miejsca i łukowato odginają się względem głównej osi kępki.
Kleisty – po dotknięciu przylepiający się do palców.
Kolce – kolczasty rodzaj hymenoforu (patrz – *pod kapeluszem*), na przykład u szyszkolubki kolczastej **(s. 8, 87)**, a w innym znaczeniu kolczaste resztki zewnętrznej ściany niektórych purchawek, np. purchawki jeżowatej **(s. 49)**.
Komorowaty – o *trzonie* wypełnionym komorami.
Kosmaty – pokryty długimi włoskami różnej długości.

Kosmki – delikatne pęczki *strzępek* na *kapeluszu* lub *trzonie*.
Korkowaty – o konsystencji korka: suchej i nieco elastycznej.
Korzeniasty – o kształcie imitującym korzeń.
Kruche – o łamliwym *miąższu*, *trzonie* lub *blaszkach*.
Lejkowaty – o *kapeluszu* w kształcie lejka, ze wzniesionym brzegiem i wklęsłym środkiem.
Lepki – *kleisty*.
Listewki – odpowiednik mniej wyraźnych, bardziej łamliwych i pogiętych, szerzej rozstawionych *blaszek*, u pieprzników **(s. 9, 44–45)**.
Łamliwy – *kruchy*.
Łatki – kawałki *osłony* całkowitej, zalegające np. na powierzchni *kapelusza* u niektórych muchomorów.
Łukowaty – o kształcie jednostronnie i łagodnie wygiętym.
Łuski, łuseczki – większe lub mniejsze odstające poletka *strzępek*, szerokie na jednym końcu a bardzo wąskie na drugim, w kształcie trójkątów, pokrywające w sposób przyrośnięty, odstający lub przylegający *kapelusz* np. u czubajek **(s. 64)**.
Łykowaty – o włóknistej, żylastej konsystencji.
Marmurkowaty – o jasnych paseczkach na ciemnym tle, jak struktura marmuru.
Masywny – gruby i z pełnym środkiem.
Miąższ – podstawowa masa, składająca się na *owocnik* grzybów kapeluszowych.
Mleczko – gęsty płyn, wydzielany przez skaleczone mleczaje. Jego smak i zmienność koloru są cechami pomocnymi w oznaczeniu gatunku.
Muszlowaty – *kapelusz* w kształcie połówki muszli.
Nieoddzielna – o skórce kapelusza trwale i nierozerwalnie zrośniętej z miąższem.
Nietrwały – *zanikający*.
Odcisk kapelusza – inaczej wysyp zarodników, czyli masa zarodników widoczna gołym okiem.
Oddzielna – o skórce kapelusza, dającej się oddzielić od miąższu.
Ostrze – dolna, ostra krawędź blaszek.
Osłona – błoniasta lub pajęczynowata warstwa, okrywająca młode owocniki, rozrywana podczas ich wzrostu i pozostająca w formie *pierścienia* na *trzonie* lub *kosmków* na brzegu *kapelusza*; w formie nitkowatej pajęczyny zwana zasnówką, jako okrywa całego młodego *owocnika* zwana osłoną całkowitą, jako warstwa chroniąca młode *rurki* lub *blaszki* zwana osłoną częściową (i wówczas często przekształcająca się w *pierścień* na *trzonie*).
Oszroniony – pokryty białym nalotem.
Owocnik – tutaj rozumiany jako nadziemna część (choć w sensie botanicznym jest to określenie niepoprawne, jednak na tyle upowszechnione, że postanowiono je zachować), czyli to, co nazywamy powszechnie „grzybem".
Pajęczynowaty – składający się z delikatnych niteczek równoległych lub splątanych.
Pełny – o *trzonie*, który nie posiada pustych fragmentów w swym wnętrzu.
Pergaminowaty – cienki i suchy, o konsystencji pergaminu.
Pierścień – pozostałość *osłony* częściowej, zalegające w górnej części *trzonu* w formie zgrubienia, falbanki lub obręczy.
Pilśniowaty – *aksamitny*.
Płaski – o *kapeluszu* poziomo rozpostartym.
Pochwa – pozostałość *osłony* całkowitej, okrywająca podstawę *trzonu* pochwiaków i muchomorów, np. u pochwiaka jedwabnikowego **(s. 47)**.
Pod kapeluszem – autorska kategoria, stworzona na potrzeby niniejszej publikacji, oznaczająca *hymenofor*.
Poduchowaty – o *kapeluszu* w kształcie poduszki, wypukłym i spłaszczonym zarazem.
Podwinięty – o brzegu *kapelusza* rulonikowo podwiniętym.
Pokrój – ogólny wygląd zewnętrzny *owocnika*.
Pory – otwory na końcach *rurek* **(s. 9)**.

SŁOWNICZEK trudnych nazw

Półkulisty – o *kapeluszu* w kształcie przepołowionej kuli.
Pręgi – wzór pełnych lub niepełnych kręgów o kolorze innym niż tło, promieniście rozmieszczonych np. na kapeluszu mleczaja rydza (s. 39).
Próba smakowa – próba mająca na celu poznanie smaku owocnika bez konsumpcji polegająca na dotknięciu czubkiem języka lub wzięciu do ust kawałka miąższu a następnie wypluciu go. Nie próbować trujących ani potencjalnie trujących!
Przekrój – powierzchnia otrzymana w wyniku pionowego przecięcia *owocnika*.
Przesuwalny – *ruchomy*.
Przylegające – o hymenoforze (patrz – *pod kapeluszem*) przylegającym do *trzonu*, lecz z nim nie zrośniętym; o *łuskach* lub *kosmkach* na *kapeluszu* lub *trzonie*, stykających się ze swym podłożem, ale nie zrośniętych z nim.
Przyrośnięte – o hymenoforze (patrz – *pod kapeluszem*), przyrośniętym swą końcową krawędzią do *trzonu*; o *łuskach* lub *kosmkach* na *kapeluszu* lub *trzonie*, przyrośniętych do swego podłoża.
Pusty – o *trzonie* z pustym wnętrzem.
Ruchomy – o *pierścieniu*, który nie jest zrośnięty z *trzonem* i można go przesuwać.
Rurki – gąbczasta struktura pod *kapeluszem*, odpowiedzialna za powstawanie zarodników (s. 9).
Rurkowaty – o *trzonie* pustym w środku, ze stosunkowo dużym światłem.
Siateczka – struktura składająca się z zazwyczaj wypukłych linii, układających się w kształt siatki o ubarwieniu przeważnie innym niż tło np. na *trzonie* borowika usiatkowanego (s. 16 i 61).
Skórka – cienka warstwa *strzępek*, pokrywająca wierzch *kapelusza*, przeważnie odmiennie zabarwiona niż *miąższ*.
Skórzasty – posiadający konsystencję i elastyczność wygarbowanej skóry.
Stożkowaty – o szerokiej podstawie i ostrym szczycie, np. kapelusz wilgotnicy czepeczkowatej (s. 90).
Strefa pierścieniowa – miejsce w górnej części *trzonu* z pozostałością *osłony* częściowej w formie *pierścienia*, zasnówki (patrz – *osłona*) lub pasma śluzu.
Strzępki – nitkowate struktura, podstawowy element budowy *grzybni* i *owocnika*.
Ściółka – warstwa leśnego podłoża, składająca się z opadłych liści, igieł oraz innych cząstek organicznych.
Trzon – wyraźnie wyodrębniona cześć *owocnika*, podtrzymująca *kapelusz* (s. 8).
Wachlarzowaty – o kształcie rozłożonego wachlarza.
Walcowaty – *cylindryczny*.
Watowaty – o wnętrzu *trzonu*, przybierającym konsystencję waty, miękkim i kłaczkowatym.
Włókienkowaty – pokrywający powierzchnię *trzonu* lub *kapelusza* pojedynczymi włókienkami.
Włóknisty – o *trzonie* lub *miąższu*, który podczas rozrywania dzieli się na pasma złożone z włókienek.
Wolne – o hymenoforze (patrz – *pod kapeluszem*) nieprzyrośniętym do *trzonu*.
Wybrzuszone – *brzuchate*.
Wycięte – o hymenoforze (patrz – *pod kapeluszem*) tylko częścią swej końcowej krawędzi przyrośniętym do *trzonu*.
Zamszowaty – *aksamitny*.
Zanikający – element obecny tylko w pewnym okresie rozwoju grzyba, potem nieobecny.
Zasnówka – patrz *osłona*.
Ząbek – niewielki wydłużony kraniec *blaszek*, nieznacznie zachodzący na *trzon*.
Zbiegające – o hymenoforze (patrz – *pod kapeluszem*) zachodzącym na *trzon*.
Zdrewniały – o *miąższu* lub *trzonie* twardym jak drewno.
Ziarnisty – usłany drobnymi ziarenkami.
Zmarszczki – drobne fałdki między *blaszkami*, w formie żyłek u podstawy *blaszek* oraz na ich powierzchni prostopadle do nich.

INDEKS nazw gatunkowych

Skorowidz polskich i łacińskich nazw gatunowych (wraz z ważniejszymi polskimi synonimami) – pogrubione numery stron przy nazwach polskich i łacińskich odsyłają do głównego opisu gatunku. Podkreślone numery stron przy nazwach polskich odsyłają do kluczy z opisem gatunku.

INDEKS
nazw gatunkowych

INDEKS
nazw gatunkowych

Bielli E., *Grzyby – Podręczny leksykon przyrodniczy*, Warszawa 2004.
Chmiel A., *Checklist of Polish Larger Ascomycetes – Krytyczna lista wielkoowocnikowych grzybów workowych Polski*, Kraków 2006.
Dermek A., Pilát A., *Poznajemy grzyby*, Wrocław 1990.
Domański S., *Grzyby t. XXI Podstawczaki – Skórnikowate, Purchawkowate*, Warszawa-Kraków 1991.
Domański S., Orłoś H., Skirgiełło A., *Grzyby t. III Podstawczaki – Żagwiowate II, Szczeciniakowate II, Lakownicowate, Bondarcewowate, Boletkowate, Ozorkowate*, Warszawa 1967.
Evans S., Kibby G., *Pilze*, Starnberg2005.
Flück M., *Atlas grzybów – Oznaczanie, zbiór, użytkowanie*, Warszawa 1995.
Garnweidner E., *Grzyby – Encyklopedia kieszonkowa*, Warszawa 1994.
Gerhardt E., *Grzyby – Wielki ilustrowany przewodnik*, Warszawa 2006.
Gerhard E., *Pilze*, München 2002.
Gminder A., Böhning T., *Jaki to grzyb?*, Warszawa 2009.
Grzywacz A., *Grzyby chronione*, Warszawa 1989.
Gumińska B., *Grzyby t. XXVI Podstawczaki – Wodnichowate*, Kraków 1997.
Gumińska B., Wojewoda W., *Grzyby i ich oznaczanie*, Warszawa 1985.
Hennig B., *Atlas grzybów*, Warszawa 1986.
Klan J., Vančura B., *Grzyby*, Warszawa 1981.
Lamaison J.-L., Polese J.-M., *Der große Pilz Atlas*, Königswinter 2005.
Lassoe T., *Pilze*, Starnberg 2006.
Laux H. E., *Der Kosmos Pilzatlas*, Stuttgart 2006.
Laux H. E., *Der große Kosmos Pilzführer*, Stuttgart 2001.
Lisiewska M., Szmid M., *Przewodnik grzyboznawczy*, Warszawa 1980.
Lohmeyer T. R., Künkele U., *Grzyby – Rozpoznawanie i zbieranie*, Warszawa 2006.
Mirek Z., Zarzycki K., Wojewoda W., Szeląg Z., *Red list of plants and fungi in Poland – Czerwona lista roślin i grzybów Polski*, Kraków 2006.
Orłoś H., *Atlas grzybów leśnych*, Warszawa 1979.
Pilát A., *Mały atlas grzybów*, Warszawa 1978.
Rudnicka-Jezierska W., *Grzyby t. XXIII Podstawczaki – Purchawkowe, Tęgoskórowe, Pałeczkowe, Gniazdnicowe, Sromotnikowe, Osiakowe*, Kraków 1991.
Skirgiełło A., *Grzyby t. I Podstawczaki – Borowikowe*, Warszawa 1960.
Skirgiełło A., *Grzyby t. XX Podstawczaki – Gołąbek*, Warszawa-Kraków 1991.
Skirgiełło A., *Grzyby t. XXV Podstawczaki – Mleczaj*, Kraków 1998.
Skirgiełło A., *Grzyby t. XXVII Podstawczaki – Łuskowcowate*, Kraków 1999.
Svrček M., Vančura B., *Atlas grzybów*, Warszawa 1993.
Škubla P., *Wielki atlas grzybów*, Poznań.
Wojewoda W., *Checklist of Polish Larger Basidiomycetes – Krytyczna lista wielkoowocnikowych grzybów podstawkowych Polski*, Kraków 2003.

Rozporządzenie Ministra Środowiska z dnia 9 października 2014 r. w sprawie ochrony gatunkowej grzybów (Dz.U. z dnia 16 października 2014 r.).

www.bio-forum.pl, www.grzybland.pl,
www.grzyby.pl, www.indexfungorum.org

AUTORZY
fotografii

Większość fotografii w tej publikacji pochodzi z archiwum autora, z wyjątkiem: Kosiarz-PL/Wikimedia Commons[5, 4] (s. 2–3), Edmund Kuna (s. 4–5), Kamila Kuna (s. 8 – na dole z prawej), Casliber/Wikimedia Commons[4] (s. 9 – na górze z prawej), Ernie/Wikimedia Commons[6] (s. 10–11), Gerhard Koller (Gerhard)/Wikimedia Commons[4] (s. 6 – na dole), H. Krisp/Wikimedia Commons[5, 4] (s. 20 – na górze), Aorg1961/Wikimedia Commons[5, 4] (s.21 – na gorze), Jerzy Opioła /Wikimedia Commons[5, 4] (s. 22 – na górze), Archenzo/Wikimedia Commons[5, 4] (s.25 – na górze), Olev Mihkelmaa/Wikimedia Commons[2] (s. 26 – na dole), Andreas Kunze/Wikimedia Commons[2] (s. 28 – na górze), Wolfgangw/Wikimedia Commons[5] (s. 32 – na górze), H. Krisp/Wikimedia Commons[2] (s. 33 – na dole), Ron Pastorino/Wikimedia Commons[2] (s. 54 – na dole), Aktron/Wikimedia Commons[4] (s. 60 – na dole), Hans Hillewaert/Wikimedia Commons[4] (s. 65 – na górze z lewej), Staszek99/Wikimedia Commons[5, 4] (s. 70–71), Jerzy Opioła/Wikimedia Commons[5, 4] (s. 75 – na dole), Jomo/Wikimedia Commons[6] (s. 80 – na górze), Th Kuhnigk/Wikimedia Commons[4] (s. 80 – na dole), Kathie T Hodge/Wikimedia Commons[1] (s. 82 – na górze), Ankara/Wikimedia Commons[4, 5] (s. 83 – na górze), James Lindsey/Wikimedia Commons[1, 4] (s. 86 – na dole z prawej), Drew Parker/Wikimedia Commons[4] (s. 93 – na górze), Stu Phillips/Wikimedia Commons[4] (s. 98 – na dole z prawej), George Chernilevsky/Wikimedia Commons[6] (s. 99 – na dole), Ak ccm/Wikimedia Commons[4, 5] (s. 98 – na dole), I. G. Safonov/Wikimedia Commons[4] (s. 104-105), I G Safonov/Wikimedia Commons[4] (s. 106 – na górze i na dole), Rainer Z/Wikimedia Commons[5, 4] (s. 107 – na górze), Chatama/Wikimedia Commons[6] (s. 107 – na dole), frankenstoen/Wikimedia Commons[3] (s. 108 – na górze, w środku), Lebrac/Wikimedia Commons[4] (s. 108 – na dole), Batholith/Wikimedia Commons[6] (s. 109 – na górze), frankenstoen /Wikimedia Commons[3] (s. 109 – na dole), mersy/Wikimedia Commons[3] (s. 110 – na środku), Anna Chodoła (s. 111 – na górze), Hiuppo/Wikimedia Commons[6] (s. 111 – w środku), isue/Wikimedia Commons[5, 4](s. 111 – na dole).

1. Creative Commons/Uznanie autorstwa-Na tych samých warunkach 2.5 Ogólny (CC BY-SA 2.5); http://creativecommons.org/licenses/by-sa/2.5/deed.pl
2. Creative Commons/Uznanie autorstwa-Na tych samych warunkach 3.0 Unported (CC BY-SA 3.0); http://creativecommons.org/licenses/by-sa/3.0/deed.pl
3. Creative Commons/Uznanie autorstwa 2.0 Ogólny (CC BY 2.0); http://creativecommons.org/licenses/by/2.0/deed.pl
4. Creative Commons/Uznanie autorstwa 3.0 Unported (CC BY 3.0); http://creativecommons.org/licenses/by/3.0/deed.pl
5. GNU Free Documentation License, Wersja 1.2; www.gnu.org/licenses/fdl-1.2.html
6. Public Domain (domena publiczna)